サピエンス減少
——縮減する未来の課題を探る

原 俊彦
Toshihiko Hara

岩波新書
1965

序　世界人口の増加と日本の人口減少をどう考えるべきか？

「有史以来、われわれ人類は、増加しつづけてきた。パンデミックや世界戦争による一時的な減少や停滞はあったにせよ、人類史の基調は、つねに人口増であった。政治と経済、文化、社会システムのほぼすべて——つまり私たちの世界観は、人口が増え続けることを前提に構築されてきたといえる。だが、まもなく世界人口はピークを迎え、減少局面に転ずる。それはあらゆるものが縮減していく世界であり、われわれの世界認識そのものに根本的な変容をもたらすだろう。人口減少は、もはや不可避の未来である。ここで問われるべきは、その縮減する世界をどうデザインするのか、にほかならない。人類史的な転換をどう迎えるのか。減少へと向かう〝最突端〟に位置する日本そしてアジアから、考察を深めていきたい。」(『世界』２０２１年８月号(第９４７号))。

２０２２年7月、新型コロナ・パンデミックの影響もあり、通常より1年遅れて、国連の新推計(UNWPP22 : World Population Prospects 2022)が公表された(United Nations 2022a/b, https://popula

tion.un.org/wpp/)。推計方式が5年5歳から各年各歳に変わる一方、確率モデルが採用されて、各国ごとの詳細なデータが得られる画期的なものであり、今後、様々な分野で分析・活用されていくと思われる。しかし折からのコロナ・パンデミックの感染拡大、異常気象の連鎖、ロシアのウクライナ侵攻などを背景に、難民急増、資源・エネルギー・食料不足、世界的な物価高騰の波など、様々な政治・経済・社会危機が次々と生起する中、新しい推計結果がメディアや一般の人々の注目を集めることはなかった。

世界人口については、これまで人口増加が続いていて、資源・エネルギー・食料問題や地球温暖化防止・CO^2削減など環境問題への対応という観点からは、この人口増加をいかに止めるかに主要な関心が寄せられてきた。このため、なお人口増加が続くという推計結果は想定の範囲であり耳目を集めるものではない。もっとも、この新推計では、世界人口が2022年中(11月15日)に80億人を突破すると予想されており、世界人口時計の数値が80億を超える日が来ればTVや新聞のトップを飾るかも知れない。

一方、私たちが住む日本に目を向ければ、この国の総人口は2008年の1億2808万4千人をピークにすでに人口減少期に入り2020年の国勢調査では1億2614万6千人となり、前回国勢調査から5年で94万9千人減少した。人口減少はその後も続き記録を更新している。また毎年生まれる子どもの数の減少も年々大きくなり、直近(2021年)の出生数は過去最少の81万1622人を記録、前年より2万9213人減少している。合計(特殊)出生率(平均して一人の女性が一生の間に産む子どもの数)も前年の1・33人から1・30人に低下している。これに対し死亡者の数は143万9856人で、前年から6万7101人増加、毎年、戦後最多を更新している。地域社会ではこのような自然減に人口移動による社会減が加わり、人口減少はさらに急速に進んでいる。すでにJRのローカル線の廃止、小中学校・高校の統廃合、シャッター商店街の増加、廃屋問題など、人口減少にともない様々な問題が深刻化している。つまり日本では人口増加ではなく、人口減少をいかに止めるかが課題となっている。

本書は、このような世界人口の増加と国内人口の減少という二律背反的状況をどう理解すればよいのかという素朴な疑問や、現在の世界が直面する危機的状況は、人類社会の発展が「成長の限界」に達し、いよいよ世界の終わりが近づいているのでは、という重苦しい不安に対し、人口学から何がいえるのかを答えようとするものである。また本書はしばしば類書にみられるように不安や絶望を煽ったり、根拠のない楽観論を展開するものではない。今起きていることの人類史的な意味を正しく理解することにより、今世紀末を超えて、なおしばらくは続くと思われる人口減少を前向きに捉え、若い世代はもとより子育て世代から高齢世代まで、誰もが未来に希望を持ち生き続けることを願うものである。

先回りして結論めいたことを述べておくと、まず、世界人口全体は、なおしばらく増加を続けるが遅くとも今世紀後半の中頃には減少に入り、世界全体が、現在の日本と同じような少子高齢・人口減少社会に移行していく。そして、もし、そのまま人口減少が続けば世界人口は300年ほどの間にピーク時の100分の1程度にまで縮減する。しかし、人類は先史時代以来、現在まで、そのような危機を何度も克服してきた。あるいは別の言い方をすれば、人類は常にいつ絶滅するかわからない状況の中で、これまでも生きてきたし、我々もまた同じようにこの危機を乗り越え生きていくしかない。

一方、現在の日本が経験している人口減少は歴史的な人口転換の帰結であり、先進国を中心に世界の多くの国々も遅かれ早かれ同じ道を歩むと考えてよい。したがって、この人口減少は日本だけの特殊な事情によるものではなく、前代未聞の「国難」といった国粋主義的で排他的な捉え方をすべきではない。また政府の失政や誰かの陰謀によるものでもない。出生力の低下についても、晩婚晩産化／非婚無子化などの責任を若い世代に求めるべきではなく、直系家族制の伝統の衰退や、フェミニズムやジェンダーフリー的な社会的傾向など、様々な犯人探しを行ったとしても有効な対策には結びつかない。

基本的には、長年にわたり人類が進歩し豊かになり、平均寿命が延び長寿化する一方、結婚・出産あるいは移動に関わる個人の選択の自由が拡大してきた結果であり、そのこと自体は喜ぶべきことであり、今後も、この流れを止めるべきではないだろう。したがって、最終的には人類社会が個人の自由を最大限に尊重しつつ、社会全体の出生・死亡・移動などをコントロールして人口全体を定常状態に保つようにするしかない。しかし、そこに至るにはまだまだ多くの試行錯誤と時間が必要とされる。このため当面は、人口や出生数の減少を止めることをめざすのではなく、人口減少とともに出現する、「縮減する社会」(カウフマン 2011/Hara 2014) の様々な課題の解決に向け、前向きに取り組むべきだと思う。それは十分可能であり、世界の他の国々や地域を結ぶグローバルな連帯と協力を通じより良い未来につながると確信している。

本書の流れを説明しておく。まず第1章の「縮減に向かう世界人口」では、国連の将来人口推計(2022年)の結果を踏まえ、世界人口が人口増加から人口減少へと向かうこと、その結果、現在の日本と同様、世界全体がポスト人口転換期の「縮減する社会」となっていくこと、また、国連推計の楽観的な前提が崩れれば世界人口は急激に減少し消滅に向かう可能性もあることを示す。次に第2章「持続可能な人口の原理」では、コーエンの絶滅曲線を取り上げ、人類社会の持続可能性について検討する。また人口波動モデルを使い、この絶滅曲線が過去の人類史のどの時点でも描けることを示す。さらにマルサスの『人口の原理』に遡り、ダブリングタイムやロジスティック曲線などの特性について説明し、人口が持続するための条件としての「持続可能な人口の原理」を提示する。

第3章の「多産多死から少産少死へ」では、第一と第二の人口転換理論について紹介する。

また日本の歴史的データを使い、日本の人口転換とその帰結としての人口減少について解説し、なぜ多産多死から少産少死に向かったのか、またなぜ1975年以降、すでに半世紀近くも置換水準以下の低出生力が続いているのか、その理由を説明し、この人口減少が容易には止まらないことを明らかにする。

第4章の「人口が減ると何が問題なのか?」では、しばしば議論となる「人が減って何が悪い?」という素朴な疑問に答える。ここでは、まず人口増加が加速する「人口爆発」と同様に、人口減少が急激に進む「人口爆縮」においても、「縮減する社会」が直面する多くの課題が現れること、具体的には需要の縮減や再分配あるいは格差の拡大、自然環境・生活環境の悪化、国内・国際人口移動の制御、グローバルな意思決定の必要性などについて論じる。

最後の第5章「サピエンス減少の未来」では、再び、国連の新推計(UNWPP22)が示す、今世紀末の世界人口の地域的な分布を俯瞰するとともに、人口転換の推進装置について考察し、出生・死亡・移動の未来について検討する。最後に時間軸をホモ・サピエンスのアウト・オブ・アフリカまで巻き戻し、我々人類がどこから来て、どこにゆくのかという永遠の謎について考える。

目　次

第1章　縮減に向かう世界人口

1　国連の将来人口推計2022

人口学的方程式

人は生まれ移動し死ぬ。人口(population)は特定の時間と空間における人の数であり、その増減も、また出生(live births)、死亡(deaths)、移動(migration)で決まる。このため、人口の増減＝(出生−死亡)＋(転入−転出)という人口学的方程式が成り立つ。世界人口については、現在までのところ地球外との人の出入りはほとんどないので(航空機で大気圏内を移動中の数百万人は地球にいるとみなす)、人口の増減は自然動態(出生と死亡)のみで決まるが、世界の様々な地域や国の間では人の移動があるので、自然動態に加え社会動態(転入と転出)も影響する。

人口が大きければ、その分だけ、人口の変化も大きくなるので、変化の速さをみるには、総人口で割った値である、人口増加率(Population Increase Rate, r)、粗出生率(Crude Birth Rate, CBR)、粗死亡率(Crude Death Rate, CDR)、移動率(Migration Rate, MGR)を用いる。単位は、人口増加率と移動率の場合は、値に100を掛けパーセント(%)を取り、人口100人あたり何人の人が増加または移動するかを示す。また粗出生率と粗死亡率の場合は、値に1000を掛けパーミル(‰)を取り、人口1000人あたり何人の人が出生または死亡するかを示す。なお、単位をそろえれば人口増加率=出生率−死亡率+移動率となり、ここでも人口学的方程式が成り立つ。

また人口増加率は人口成長率(Population Growth Rate)ともいう。人口増加率も人口成長率も、人口は常に右肩上がりで増加し成長するものであるという、これまでの人類の常識に基づいて使われている。なお、人口が減少、また縮減(規模が小さくなってゆく)する場合には人口増加率や人口成長率はマイナスとなる。

このように書くと明快でわかりやすいが、現実の人口動態は人口学的方程式ほど単純ではない。というのも、人は生まれ移動し死ぬが、人の集団である人口の変動では、出生と死亡と移動の間には複雑な相互作用があり、それぞれの要素が互いに独立で単純な足し算や引き算の関係にあるとはいえない。また出生率、死亡率、移動率は、分母の総人口の性・年齢構造に影響を与えるが、性・年齢構造の変化もまたこれらの指標に影響する。

とりわけ、少子化や長寿化のような、長期的かつ本質的な人口の変化を捉えるには、粗出生率、粗死亡率ではなく、性・年齢構造の影響を受けにくい合計（特殊）出生率（平均して一人の女性が一生の間に産む子どもの数）や平均寿命（その年に生まれた子どもが平均で何歳まで生きるか）などの指標を用いる。

合計（特殊）出生率（Total Fertility Rate, TFR）は、15歳から49歳までの年齢別出生率（各年齢の女性から生まれた子どもの数を同年齢の女性の人口で割った値。未婚か既婚かに関係なく、各年齢の女性から子どもが生まれる確率、通常1000を掛けて‰で表示）を求め、合計したものである。このため年齢構造の影響がなくなり、1人の女性が15歳から49歳までの間（一生の間）に何人の子どもを持つかの目安となる。なお、置換水準の合計出生率は約2・1人とされている。これは1人の女性から1人の女児が再生産されるのに必要な合計出生率の値を意味する。通常、女児より男児の方が5％ほど多く生まれてくること、また49歳までの死亡率（女性が亡くなる確率）などを考慮した値である。したがって、約2・1人は49歳までの死亡率が低く0に近い場合であり、女性の死亡率が高ければ、この値も高くなる（第3章で詳述）。

平均寿命（Life Expectancy, LE）は0歳から最高年齢まで、各歳ごとに年齢別死亡率を求め、各歳ごとに生残率（その年齢まで生きる確率）を計算して生命表を作成し、その年に生まれた子どもが、その年の年齢別死亡率に沿って生きると仮定した場合、平均で何歳まで生きるかを計算する。正式には0歳時平均余命といい、同じように65歳時平均余命のように、現在、すでに65歳に達した高齢者が平均して後何年、つまり65歳＋何歳まで生きるかを求めることもできる。なお余命の単位は正しくは年だが本書では歳を用いる。また年齢別死亡率は男女で異なり、通常、全年齢で男性の方が女性より高く、女性に対する差別や迫害などがなければ平均寿命は女性の方が長い。このため平均寿命は男女別に求める必要があるが、国際比較などでは男女を合わせた値を用いることもある。

また長期的な人口再生産の目安として、純再生産率（Net Reproduction Rate, NRR）という指標がある。この値は置換水準の合計出生率の約2・1人と同じ考え方に立つが、1人の女性から何人の女児が再生産するかを示す。このため純再生産率（NRR）が1・00人であれば、人口は増えも減りもしない定常状態となるが、2・00人であれば人口は1世代（約35年）で倍増する。逆に0・50であれば人口は1世代で半減する。ただし、純再生産率が再生産水準を下回ったとしても、年齢構造の関係から直ちに人口減少が始まるとは限らない。しかし、遅かれ早かれ長期の人口減少に入ると考えてよい。

人口はもとより出生、死亡、移動についても正確な数が把握されているわけではなく、その大部分は登録や届出によるもので国勢調査などの実査は限られている。また国や地域、年次などにより数値の精度は異なる。このことは国連の将来人口推計についてもいえる。むしろほぼ1年間隔で世紀末まで世界人口や世界の地域・国々の詳細な推計が行えるようになったことは

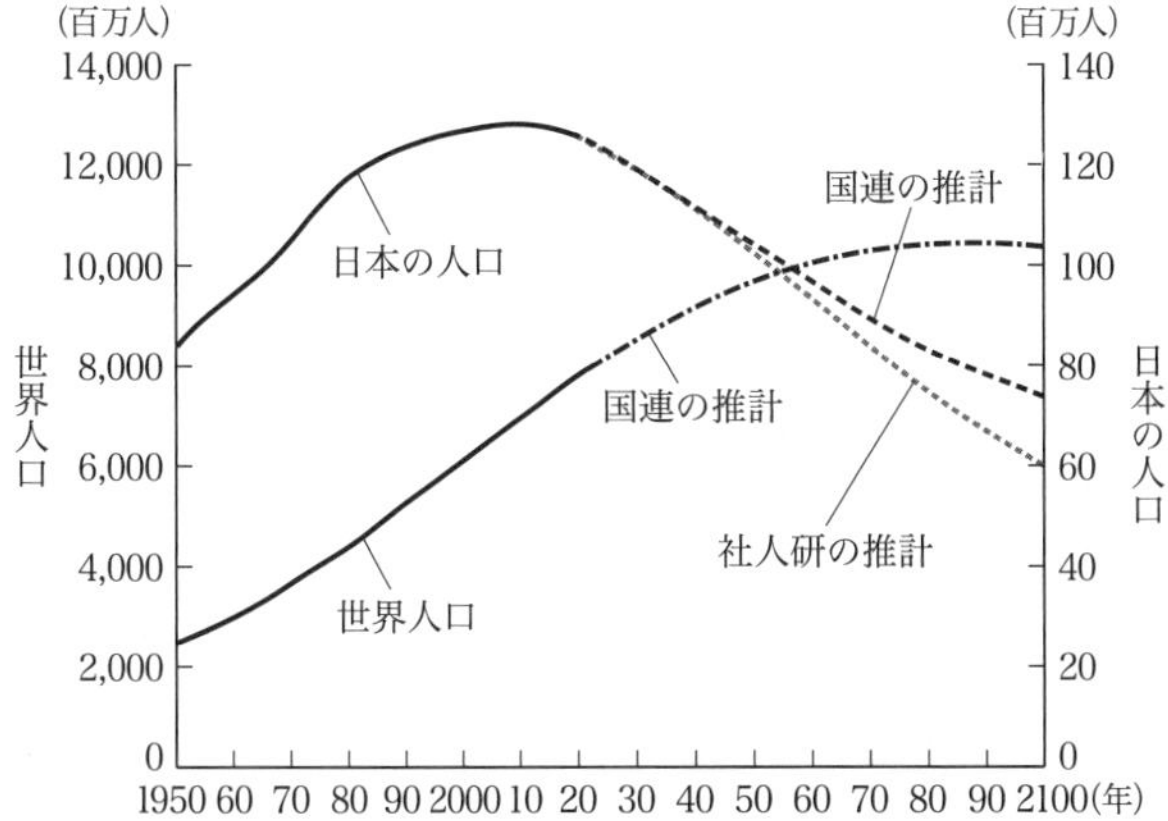

資料：United Nations (2022a)，国立社会保障・人口問題研究所(2017)より作図．
いずれも中位推計

図 1-1　増加する世界人口と減少する日本の人口

人類の偉大な進歩だといえる。

増加する世界人口 vs 減少する日本の人口

コロナの関係で1年遅れの発表となった国連の新推計（UNWPP22中位）によれば、世界人口は2022年7月現在79億7511万人と推計され、年内に80億人を突破し、2030年には85億5千万人（対22年7％増）、2050年には97億1千万人（同22％増）、2100年には103億5千万人になる（同30％増）と予想されている（図1-1）。つまり、世界人口は今世紀末までに、なお23億7400万人増加し、その規模は現在の1・3倍となることがわかる。ただし前回推計では2100年の世界人口は108億7490万人で、ほぼ世紀末まで人口増加が続くとされていたが、新推計では2086年の104億3093万人をピークに減少に転じる。このため2100年の世界人口は前回推計より5億2558万人少なくなっている。今後も続く人口増加が地球の生態環境の持続可能性を脅かすのではないかといったことが懸念されるが、前回推計より下方修正されたことは、地球温暖化防止に向けたCO_2削減などを進める上ではプラスに評価されるものと思われる。

一方、同じ国連の新推計によれば、日本の総人口は2022年現在の1億2400万人から2030年には1億1900万人(対22年4%減)に、2050年には1億400万人(同16%減)、2100年には7400万人(同41%減)まで減少すると推計されている(図1-1)。日本がすでに2009年から人口減少に入っていることは周知の事実であるが、国立社会保障・人口問題研究所(以下、社人研)が5年ごとに行っている日本の将来人口推計(2017年中位推計)によれば、2100年の総人口(参考推計)は、国連の推計より1400万人余り少ない5971万8千人となっている。国連の2022年の数値を基準にすれば、なお6400万人、52%の減少が見込まれている。このような日本の人口減少については国内はもとより海外でも注目されており日本経済の低迷とともに、この国の将来に暗い影を投げかけている。

2　人口増加から人口減少へ

今後も増加する23億7400万人の内訳

しかし、この国連の新推計が示す、今後、2100年までに増加する23億7400万人の内訳をみる(図1-2)と、世界人口のうち、今後、もっとも増加するのは65歳以上の老年人口の17・1億人(人口増加全体の71・8%)で、次いで多いのが15~64歳の生産年齢人口の9・8億人(同41・2%)であり、年少人口はマイナス3・1億人(マイナス13・0%)とむしろ減少する。実は世界の多くの地域で、日本同様、すでに少子高齢化が始まっている。高齢者は増加するが再生産はしないこと(人工授精技術を使えばいずれ可能になるかも知れないが)、また将来の再生産の基盤となる年少人口が減少することを考えれば、世界人口全体が遠からず人口減少に入ることは容易に想像できる。端的にいえば、「未来の人口減少」はすでに起きている。

また世界の人口増加の大部分は、今後も年少人口が増加するアフリカで起きており、さらにサハラ砂漠以南のサブサハラ・アフリカ(95・8%)に集中している(図1-2)。アフリカの生産年齢人口の増加は17億4千万人、サブサハラ・アフリカのみで16億1千万人であり、これは世界全体の生産年齢人口の増加数9億8千万人をはるかに上回る。世界全体の方が少ないのは、サ

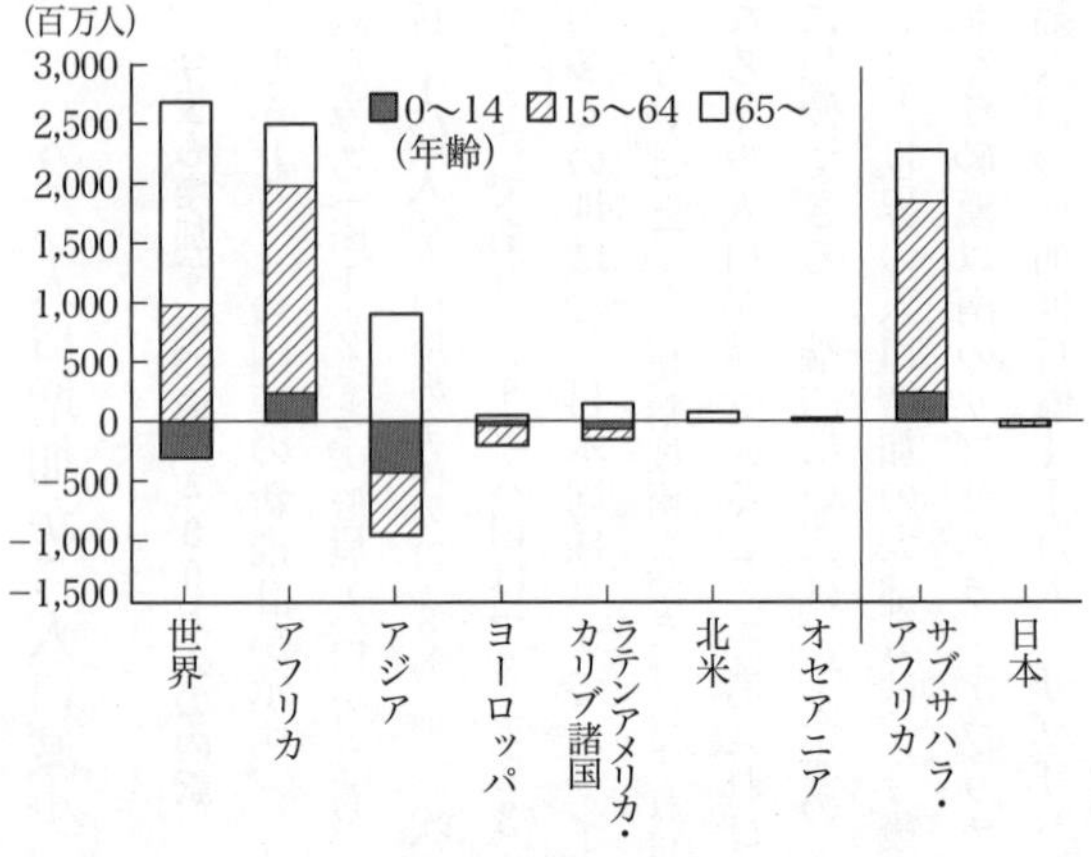

資料：United Nations (2022a)より作図．中位推計
注：アジアは日本を含む．日本とサブサハラ・アフリカは別掲

図 1-2　世界人口の増加の内訳

ブサハラを含むアフリカ以外では生産年齢人口はむしろ減少するからである。年少人口もアフリカ以外では減少する（というより、年少人口が減少するので生産年齢人口も減少する）。

一方、アジアでも人口増加は続くが、その中身は65歳以上の老年人口のみであり、生産年齢人口や年少人口はむしろ大きく減少する。北米でも人口はなお増加するが7千万人ほどであり、年少人口は減少する。またオセアニア（オーストラリア、ニュージーランドを含む）では年少人口も含め人口はなお増加するが2千万人ほどに留まる。

その他、ヨーロッパやラテンアメリカ・カリブ諸国ではアジア同様、老年人口がわずかに増加するが、年少人口や生産年齢人口がそれ以上に減少するため、全体としては人口が減少する。そして日本では、年少人口、生産年齢人口に加え、老年人口も減少する。

世界全体としては、サブサハラ・アフリカのようになお年少人口が増加し、その結果として生産年齢人口も増加し、やや遅れて老年人口も増加するような状況から、日本のように年少人口が減少し、その結果として生産年齢人口も減少し、さらにその減少が老年人口にまで及ぶ状況へと、時間差をともないながら徐々にシフトしている。つまり、世界人口の増加はなお続くが、地域別にみれば、全体として縮減に向かっていることがわかる。

低出生力は日本だけの問題ではなくなっている

国連の新推計(UNWPP22中位)では、総人口の推計の前提条件となる合計出生率(TFR)や平均寿命(LE)などについて、過去に遡って1950年から2021年まで推定する(estimates)一方、2022年から2100年までの動向についても確率モデルによるシミュレーションを行い、もっとも可能性の高いシナリオ(中位 medium variant)として推計(projection)している。また前回推計までは5年5歳間隔で推計していたが、新推計からは各年各歳で推計する方式となり、推計結果も5年間の平均から各年の値となっている。

出生力について、合計出生率(中位推計)の変化をみると(図1-3)、世界全体ではピークの1

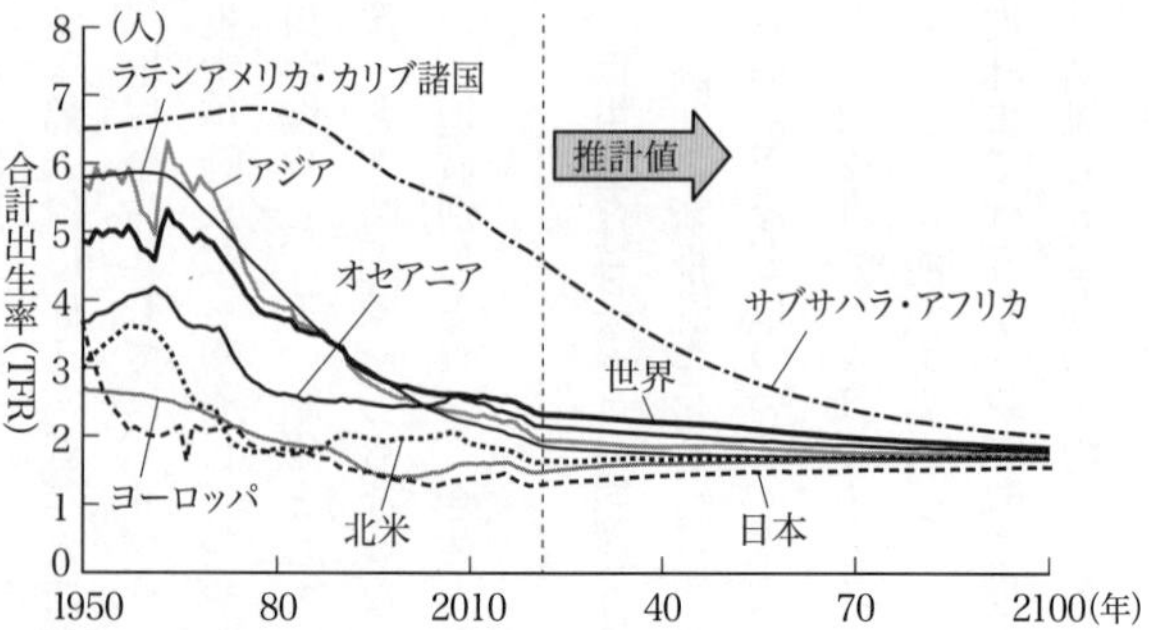

資料：United Nations (2022a)より作図．中位推計
注：アジアは日本を含む．日本とサブサハラ・アフリカは別掲

図 1-3　合計出生率(TFR)の変化(地域別)

963年の5・32人から2022年現在の2・31人まで低下しているが、依然として2・1人の置換水準を上回っている。しかし、今世紀半ばの2055年には2・10人まで低下すると推計されている。また、その後、2057年の2・09人からは置換水準の2・1人以下となり、その後も低下は続き、2100年には1・84人となる(前回2019年推計では2095〜2100年で1・94人)。なお、日本は1950年の3・66人から2022年の1・31人を経て、2100年には1・55人まで回復する(前回推計では2095〜2100年で1・67)。これに対しサブサハラ・アフリカは1950年の6・50人から2022年の4・52人を経て、2100年には2・00まで低下する(前回は2095〜2100年で2・16)。今回の推計ではサブサハラ・アフリカの合計出生率も2090年には2・09と置換水準以下となると予想されている。

ちなみに2022年現在の合計出生率をみても、サブサハラの4・52人やオセアニアの2・14人を除けば、アジアの1・94人、ヨーロッパの1・49人、北アメリカの1・64人、ラテンアメリカ・カリブ諸国の1・85人とすべて置換水準以下となっている（図1-3）。

この国連の新推計の結果概要には「他の国々（筆者注記：サブサハラ・アフリカなど依然として出生力の高い地域以外）では、女性1人あたりの出生数は2人を下回り、近年は変動が激しく、女性1人あたり1・5〜2人が普通となっている。今日、そのような国々に世界人口の3分の2が集中している」（United Nations 2022b）との記述があり、すでに世界の大半が、置換水準（2・1人）以下の低出生力地域となり、いつの間にか低出生力は日本だけの問題ではなくなっている。

とりわけ、東アジアでは（表1-1）、コロナ危機の影響もあり、2022年の合計出生率は、韓国（0・87人）、中国（1・18人）、マカオ（1・11人）、香港（0・76人）、台湾（1・13人）、シンガポール（1・04人）と、いずれも日本（1・31人）よりはるかに低い水準にあると推計されている。中国は一人っ子政策を放棄したものの、その後も出生力の低下に歯止めがかからず、コロナ危機の影響もあり、早くも2022年に人口増加率がマイナス0・01%とマイナスに転じ、人口減少に入ると予想されている。同様に香港（マイナス0・01%）、韓国（マイナス0・05%）でも人口は減少すると思われる。

一方、これまで日本のように合計出生率が1・5人を下回る「超少子化（very low fertility）」との対比で注目されてきた「緩少子化(moderately low fertility)」(佐藤龍三郎 2008)の国々でも、これまで1・5人を切ることなく一時は置換水準に近いところまで回復したとされてきた出生力が再び低下に転じている。このため、家族に対する手厚い経済支援で知られるフランス(1・79人)、ワークライフ・バランス政策の先進国として名高いスウェーデン(1・67人)、市場経済型(要するに何もしない)のアメリカ(1・66人)など、いずれも置換水準以下の合計出生率となると予想されている(表1-1)。

表1-1 2022年現在の合計出生率の水準(推計値)

東アジア・緩少子化国の例	合計出生率(人)	人口増加率(%)	純再生産率(人)	平均寿命
中　国	1.18	−0.01	0.55	78.6
マカオ	1.11	1.30	0.53	85.4
香　港	0.76	−0.01	0.36	84.3
台　湾	1.13	0.13	0.54	81.3
韓　国	0.87	−0.05	0.42	84.0
シンガポール	1.04	0.66	0.50	84.1
日　本	1.31	−0.53	0.63	84.8
フランス	1.79	0.21	0.87	83.2
スウェーデン	1.67	0.60	0.81	83.5
アメリカ	1.66	0.47	0.80	78.2

資料：United Nations (2022a)より作表．中位推計

長寿化も日本だけの問題ではなくなっている

次に平均寿命の推移をみる(図1-4)と、世界全体では1950年の46・5歳から2022年現在の71・7歳まで延伸しており、2100年には82・1歳に達すると推計されている。これに対し、日本の平均寿命は1950年の59・2歳から2022年の84・8歳を経て、2100年に

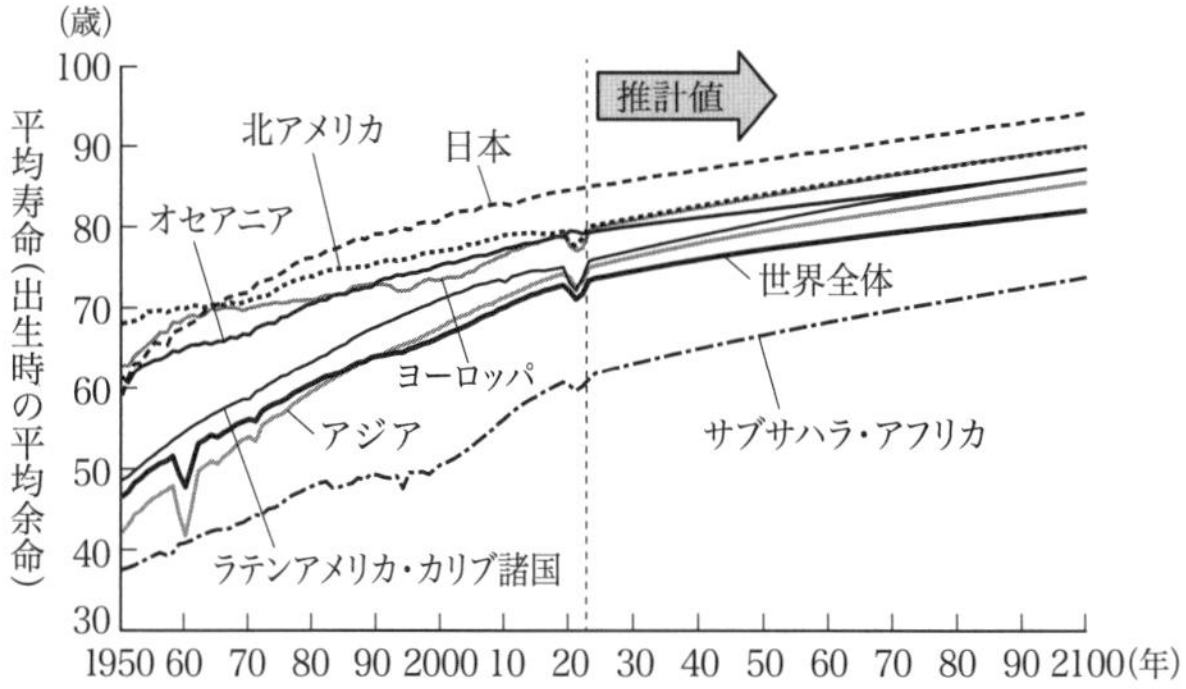

資料：United Nations (2022a) より作図．中位推計
注：アジアは日本を含む．日本とサブサハラ・アフリカは別掲

図 1-4　平均寿命(LE)の変化(地域別)

は94・2歳まで延伸する。一方、最も遅いサブサハラ・アフリカでも1950年の37・5歳から2022年の60・2歳を経て、2100年には73・8歳に達すると推計されている。つまり、2022年現在の世界の平均寿命71・7歳より長寿化する。確かにサブサハラ・アフリカの平均寿命の延伸は他の地域より大幅に遅れているが、それは1950年時点の水準が低かったためであり、エイズなどの影響で一時他地域との格差が拡大したが、近年は改善されてきたことがわかる。また他の地域の平均寿命は、世界全体の平均より高く、サブサハラ・アフリカを除けば、世界の大部分の地域で、すでに長寿化がかなりの程度まで進行していると考えてよい。つまり、長寿化もまた日本だけの問題ではなくなっている。

このため、この国連の新推計によれば、世界の高齢化率(65歳以上の人口が総人口に占める割合)も195

表1-2　高齢化率の推移

（単位：%）

	1950	2022	2050	2100
日　本	4.9	29.9	37.5	38.7
サブサハラ・アフリカ	3.4	3.0	4.8	13.5
アフリカ	3.3	3.5	5.7	14.5
アジア	4.2	9.6	19.0	29.2
ヨーロッパ	7.9	19.6	28.9	32.9
ラテンアメリカ・カリブ諸国	3.2	9.2	19.0	32.0
北　米	8.1	17.3	23.8	30.6
オセアニア	7.2	12.9	18.5	26.6
世　界	5.1	9.8	16.5	24.0

資料：United Nations (2022a) より作表．中位推計

0年の5・1%から2022年現在の9・8%を経て、2050年には16・5%まで上昇、2100年には24・0%に達するとされている（表1-2）。ちなみに日本の高齢化率は1950年の4・9%から2022年の29・9%を経て2100年には38・7%まで上昇、一方、もっとも長寿化の遅いサブサハラ・アフリカの高齢化率は1950年の3・4%から2022年の3・0%へとむしろ低下している。これは、依然として高い出生率のため若い人口が増加する一方、エイズなどで死亡率全体が上昇し、高齢者の増加が抑えられた結果であると思われる。しかし、今後、このような状態が改善され、2100年には13・5%まで上昇すると予想されている。

2050年までには、EU各国、中国などが、また2100年にはアジア29・2%、ヨーロッパ32・9%、ラテンアメリカ・カリブ諸国32・0%、北米30・6%、オセアニア26・6%と世界の大半の国々が日本と同じような超高齢社会になると予想されている。

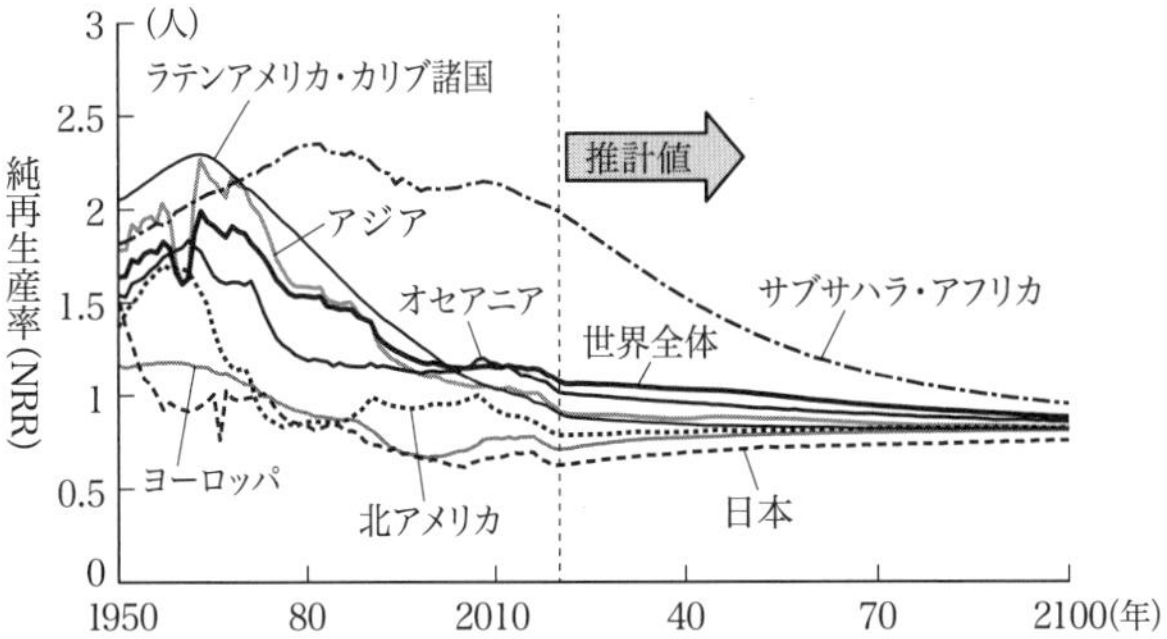

資料：United Nations (2022a) より作図．中位推計
注：アジアは日本を含む．日本とサブサハラ・アフリカは別掲

図1-5　純再生産率(NRR)の変化(地域別)

人口減少も日本だけの問題ではなくなってゆく

長期の人口減少についても同様のことがいえる。長期的な人口再生産の目安となる純再生産率(NRR)の動き(図1-5)をみると、世界全体では1950年の1・64人(1人の女性から1・64人の女児が再生産する。つまり、1世代で人口が1・6倍に増加する状態)から2022年現在の1・06人まで低下。その後、2053年には1・00人と、人口が増えも減りもしない定常状態となるが、その後も低下し2100年には0・88人(平均して0・88人の女性しか再生産されない状態)となると推計されている。

つまり、世界人口は、2050年を過ぎたあたりから再生産水準を下回るようになり、長期の人口減少に入る。

サブサハラ・アフリカについても、1950年の

表1-3　世界人口と地域別にみた純再生産率（NRR）の推移　（単位：人）

	1950	2022	2089	2100
サブサハラ・アフリカ	1.82	1.94	0.99	0.95
日　本	1.51	0.63	0.75	0.76
アジア	1.79	0.90	0.84	0.83
ラテンアメリカ・カリブ諸国	2.05	0.88	0.82	0.82
ヨーロッパ	1.16	0.72	0.81	0.81
北　米	1.38	0.79	0.83	0.82
オセアニア	1.54	1.01	0.87	0.85
世　界	1.64	1.06	0.90	0.88

資料：United Nations（2022a）より作図．中位推計
注：アジアは日本を含む

1・82人から2022年の1・94人を経て、2089年には0・99人と再生産水準を下回り、2100年には0・95人まで低下する（表1-3）。日本は1950年の1・51人から2022年の0・63人を経て2100年には0・76人まで回復するが依然として再生産水準には届かない。

いずれにせよ、すでに2022年現在、純再生産率（NRR）が置換水準の1人より高い地域は1・94人のサブサハラ・アフリカと1・01人のオセアニアのみであり、他の地域ではアジアが0・90人、ラテンアメリカ・カリブ諸国が0・88人、ヨーロッパ0・72人、北米0・79人と、すでに再生産水準の90％から70％まで低下している（表1-3）。

なお純再生産率が再生産水準を下回ったとしても、年齢構造の違いや人口移動の影響などがあり、直ちに人口減少が始まるわけではないが、遅かれ早かれ長期の人口減少に入ると考えてよい。つまり人口減少も日本だけの問題ではなくなっていくことが示唆されている。

3　ポスト人口転換期の危機

人口転換理論とポスト人口転換期

国連の新推計(UNWPP22中位)が示す1950年から2100年までの世界人口の展開をどのように解釈したらよいのだろうか。人口学者の頭にすぐ浮かぶのは20世紀最後のグランドセオリーといわれた人口転換理論(Demographic Transition Theory)である(第3章参照)。この理論は、ヨーロッパの近代以降の人口変動を図式化(今風にいえばモデル化)したもので、近代社会の人口は、産業化の進行とともに、多産多死から少産少死へ、つまり沢山の人が生まれ沢山の人が死んでゆく状態から、少なく生まれて少なく死ぬ状態へとシフトしていくとしている。

どのような人口も、基本的には出生率の方が死亡率より高く(逆の場合は人口は消滅してしまうので)、死亡率の低下が出生率の低下に先行する。このため両者の間に乖離が生じ、出生率が死亡率より高い状態が続くため、その間、人口増加率が上昇し、人口が急増する。しかし、やがては出生率の低下が死亡率の低下に追いつき、両者は低い水準で均衡するようになり、人口は増えも減りもしない均衡状態となり安定する。また、この間、医療技術の進歩・保健衛生の発達・生活水準の上昇などとともに死亡率が低下し、平均寿命が延伸するので人口の高齢化が進む。その一方、合計出生率も平均5人以上から2人程度まで減少する結果、出生率が低下し人口の少子化が進む。この結果、人口の年齢構造も、初期の年少人口(0〜14歳)が最も多く、老年人口(65歳以上)がもっとも少ないピラミッド型から、生産年齢人口(15〜64歳)が最も多くなる樽型へ、さらに年少人口が少なくなり、老年人口の方が多くなる逆ピラミッド型へと変化していき、人口の少子高齢化が進む。

しかし、この人口転換理論が提案されたのは第二次世界大戦以前のことであり、当然のことながら、現在の日本のように平均寿命が90歳近くまで延伸する一方、合計出生率は置換水準以下となり、その状態が半世紀以上も続くといった事態は想定されていなかった。

つまり、世界人口は、人口転換理論が想定した歴史的な人口転換期の終わり、ポスト人口転換期に入り始めているといえる。そして、このポスト人口転換期では少子高齢化がさらに急速に進み、死亡数が出生数を上回るようになり、世界人口全体が増加から減少に転じ、日本のような超少子高齢・人口減少社会になるものと思われる。

ただ人口転換のタイミングには地域ごとにズレがあり、植民地化の歴史や第二次大戦後の独立の混乱、その後の政治・経済的低迷からサブサハラ・アフリカでは人口転換が遅れ、他地域に比べ現在も合計出生率は高く平均寿命は短く、なおしばらく人口増加が続く。一方、第二次大戦後、いち早く復興に成功し高度経済成長を達成した日本では、人口転換が急速に進み早くも今世紀の初めに自然動態がマイナスに転じ、長期の人口減少が始まった。

増加する世界人口と減少する日本の人口という二律背反的状況は、世界全体の人口転換が、実際には地域ごとにタイミングの異なる人口転換の波が合成されたものであり、世界の大半の地域がすでに日本と同じポスト人口転換期に入り始める一方、サブサハラ・アフリカなど人口転換が遅れた地域ではなお人口増加が続くため、全体としては、なお今世紀後半まで人口が増加していく。しかし、今世紀後半以降になれば、全体としての世界人口もポスト人口転換期に入り長期の人口減少が始まる。さらに、いずれもっとも人口転換の遅いサブサハラ・アフリカが人口減少に入れば、やがては世界全体が現在の日本と同じような超少子高齢・人口減少社会となることは避けられない。そのような視点に立てば、現在の日本は、すでに世界の未来を先取りした人口状況にあるといえる。

世界人口の持続可能性

国連の新推計（UNWPP22中位）は現時点で期待しうる最高の精度と信頼性を持つものであるが、本質的には1950年から2021年までの推定データを元に確率モデルでシミュレーションし、未来に向けて投影したものに過ぎず、世界の未来が推計通りになるかは不確定である。

このシナリオの成否は、2022年現在も年率2・5％という高い人口増加率（ダブリングタイムは27年。つまり27年ごとに人口が倍増する状態。第2章参照）を示すサブサハラ・アフリカの人口転換が、今後、どのように推移するかにかかっている。この新推計では、同地域の合計出生率は２０２２年の４・５２人から今後も低下を続け、２０９０年には２・０９人と置換水準を下回る一方、平均寿命も２０２２年の60・2歳から２１００年の73・8歳に達する。その結果、純再生産率も２０２２年の１・９４人から低下し２０８９年には０・９９人と再生産水準を下回り、２１００年には０・９５人まで低下する。年齢構造や移動率の影響もあり２１００年の人口増加率は０・４１％となおプラスに留まるが、人口は均衡状態に近づくとされている。

しかし、このようにサブサハラ・アフリカの人口転換が首尾よく進むとすれば、総人口は２０２２年の11億7千万人から34億4千万人まで増加し、人口規模は現在の3倍近くとなる。増加の大部分は生産年齢人口であり、２０２２年の6億4千万人から22億5千万人に増加、現在の3・5倍となる。世紀末にサブサハラ・アフリカが世界全体の人口に占める割合は現在の14・6％から33・3％へ、生産年齢人口のみでは12・4％から36・6％に増加する（第5章）。つまりサブサハラ・アフリカの人口転換がシナリオ通りに進むには、同地域の政治的・経済的安定が持続し、生産年齢人口の増加に比例して、その経済規模も世界総生産の4割近くを占めるようになることが期待される。

それは容易なことではない。逆に、そのような経済成長が実現しないとすれば、人口転換は進まず、なお年率2・5％の爆発的な人口増加が続くか、人口増加が限界を超えて社会経済が崩壊し人口が激減する危険性が高い。その場合は世界人口も急減することになる。

一方、世界の大部分の地域はポスト人口転換期に入り、今世紀の半ば頃には人口減少が始まると予想されている。ヨーロッパの人口はすでに2020年頃、アジアの人口は2055年頃、ラテンアメリカ・カリブ諸国の人口は2056年頃にはピークを迎える。北米とオセアニアでは、なお人口が増え続けるが、そのスピードは鈍化する。また、いずれの地域でも国内の地域人口レベルでは、日本同様、急速な少子高齢化と人口減少の危機に直面することは避けられない。

日本について、国連の新推計（UNWPP22中位）と社人研の将来人口推計2017を比べると（図1-1）、国連の方が減少が緩やかになっている。これは国連の前回推計（UNWPP19中位）の場合も同様であり、合計出生率のシナリオが社人研とは異なるためである。国連推計では、日本はもとより他の低出生力地域においても、合計出生率は長期的に現在の水準から置換水準（女性1人あたりの出生数が2・1人）に向け徐々に回復していくと想定されている（United Nations 2022a）。このため国連の推計では日本の合計出生率は2022年の1・31から徐々に回復し2100年には1・52になると推計されている。しかし、このような回復が実現しない場合には、ポスト人口転換期の少子高齢・人口減少が国連の予測よりはるかに深刻になる可能性が高い。

その結果、これまでのところ世界経済の成長を牽引してきた先進国地域の少子高齢・人口減少(特に生産年齢人口の減少)がさらに進み、国内市場が縮減し経済的活力が失われていく危険性が高い。また先進国地域が経済的にも文化的にも衰退していけば、国際人口移動を引き寄せる魅力も失われてゆくかも知れない(第4章)。

さらに、国連の新推計では、「国際人口移動について、過去の実績を元に、安定的な国々における最近の移住傾向は変わらないものとし、将来の国際移住の流れに対する各国の政策スタンスも考慮した」(United Nations 2022b)と説明されている。また「2000年から2020年までの高所得国(high-income countries)では、人口増加に対する国際人口移動の寄与(8050万人の純移動)が出生数と死亡数のバランス(6620万人の自然増加)を上回った。今後数十年間は移民が高所得国の人口増加の唯一の原動力となるであろう。対照的に、低所得国および低中所得国の人口増加は、当面の間、出生数が死亡数を上回る状態(自然増加)が続くだろう」(同 2022b)と説明されている。

つまり、ヨーロッパと北米、北アフリカと西アジア、オーストラリア/ニュージーランドなど多くの地域で移民が人口変動の主要な要素となっている。とりわけ、移民の先進地域である北米やオセアニアでは、移民が人口動態に与える影響は無視できない。両地域の人口が減速しつつも2100年まで継続的に増加するとされている背景には、世界の人口移動パターンが今後も大きく変化しないことが前提となる。

端的にいえば、高所得国は自然減が進む(自然増加は期待できない)ことから、高所得国の人口の趨勢は国際人口移動で決まる(少子高齢・人口減少を止めることはできないが、遅らせることはできる)。人口動向からみれば、日本も含め、すべての高所得国にとって移民国家への移行は避けられないと思われる。対照的に低所得国および低中所得国では、当面、人口の自然増加が進むが、これを減速させるには高所得国への移民の増加が必要とされる。つまり両者の利害は一致しているが、高所得国への移民増加が、低所得国および低中所得国のエリート層のエクソダス(大脱出)となれば、国際的な経済格差はさらに大きくなり、世界経済の発展や世界人口の持続可能性にはマイナスとなるだろう。

天変地異・疫病・戦争などの影響

2019年末にコロナ・パンデミックの感染拡大が始まり、国際人口移動がほぼ停止する一方、経済活動や国際貿易も停滞した。さらに2022年2月にはロシアのウクライナ侵攻が始まり、ウクライナ、ロシア、その他の旧東ブロックからの難民が急増、資源・エネルギー・食料不足、世界的な物価高騰など、政治・経済・社会的な危機が次々と生起している。国連の新推計(UNWPP22中位)は、そのさなかの2022年7月に発表された。

したがって、これらの危機やその影響が、どの程度、考慮されているかが問題となる。しかし、推計結果からみる限りでは、合計出生率（図1-3）、平均寿命（図1-4）、純再生産率（図1-5）とも、推定期間の末尾の2019年から2021年にかけて一時的な落ち込みはみられるものの、推計期間の始まりである2022年以降は確率モデルの結果によりスムーズに推移しており、推計期間の初期値の水準に一時的な影響はあるものの、その影響は速やかに解消されることになっている。

人口学では、天変地異・疫病・戦争などが人口に与える影響は一時的なものであり、人口は時間の経過とともに元の水準に戻ると考えられている。日本でいえば関東大震災（1923年）、阪神淡路大震災（1995年）、東日本大震災（2011年）、スペイン風邪（1918〜1920年）、太平洋戦争（1941〜1945年）など、多くの死者や行方不明者を出し、出生率、死亡率、移動率に大きな変動をもたらしたが、いずれの場合も時間の経過とともに元の状態に回復しており、人口は一時的な衝撃に対して強い回復力（レジリエンス resilience）をもっていると思われる。しかし、注意しなければならないのは、元の状態に回復したとしても、出生率、死亡率、移動率のトレンドは元のままであり、回復後もそのトレンドは続くという点である。たとえば、東日本大震災の被災地域は、震災発生時、すでに少子高齢・人口減少が急速に進んでいた地域であり、人口が元の状態に戻るとしても、その間も少子高齢・人口減少は進み、回復後もそれが続く可能性が高い。逆にいえば、人口転換の初期の多産多死社会では、平時の出生率も死亡率も高い水準にあったため、天変地異・疫病・戦争などによる一時的な変動があったとしても人口は短い期間で回復したが、すでに少産少死が進んだポスト人口転換社会に、そのような回復力があるかは疑問である。その点ではコロナ・パンデミックの影響で低下した先進国の合計出生率が元の水準に戻るかどうかは本書執筆時点ではなお予断を許さない状況にある。

同様のことはロシアのウクライナ侵攻についてもいえる。ロシア、ウクライナも含め、旧東ブロック地域では、すでに侵攻前から西側への人口移動により少子高齢・人口減少が加速していた。そこにさらに戦火により膨大な数の死者や難民流出が加わり、同地域の人口減少が一気に進むことは避けられない。このため、仮にロシアがウクライナを自国領土に編入したとしても、人口は希薄となり復興は難しく、荒れ果てた状態で放置するしかなくなる可能性が高い。またウクライナが勝利し平和が回復したとしても、亡くなった人々が生き返ることはなく、難民として流出した人々がすべて戻ることもないとすれば、やはり、人口を希薄な状態から回復することは容易ではないだろう。何よりもロシア、ウクライナとも、すでに侵攻前から置換水準を大きく下回っていた出生力が、戦後どこまで回復しうるのか疑問である。

しかし、この紛争はまだ継続中であり、ロシアのプーチン大統領の言動によれば核兵器の使用も辞さないという。仮にこれを契機にNATOとの間で核戦争が勃発すれば、すでにポスト人口転換期に入っているEUやアメリカなど西側先進諸国の人口も壊滅的な打撃を受けることは避けられない。またコロナ・パンデミックやロシアのウクライナ侵攻の危機が去っても、次のパンデミックや国際紛争が起きる可能性も十分ある。

したがって、天変地異・疫病・戦争などで、国連の新推計のシナリオが大きく変化し、世界人口が回復不能なダメージを受ける可能性は客観的にみて排除できない。我々が感じている、いよいよ世界が崩壊するのではないかという不安は十分根拠のあるものであり、単なる杞憂として片付けるべきものではない。

世界人口が消滅してゆく可能性

実は、国連の新推計(UNWPP22中位)の結果は、そのまま延長すれば、遠からず世界人口は消滅に向かうというシナリオでもある。つまり、推計期間の終わりを２１００年としているため、２０２２年７月現在の79億８千万人から２１００年には１０３億５千万人になり、今より30%増加するが、実際に増加するのは２０８６年の１０４億３千万人のピークまでであり、そこからは減少が始まる。残りの減少期間は14年なので、その間の減少数は1億人にも満たない(図1-1)。しかし、そこでハッピーエンドというわけでなく、推計期間をさらに１００年延長すれば、日本の場合と同じようなカーブを描いて、世界人口は減少を続ける。確かに、１９５０

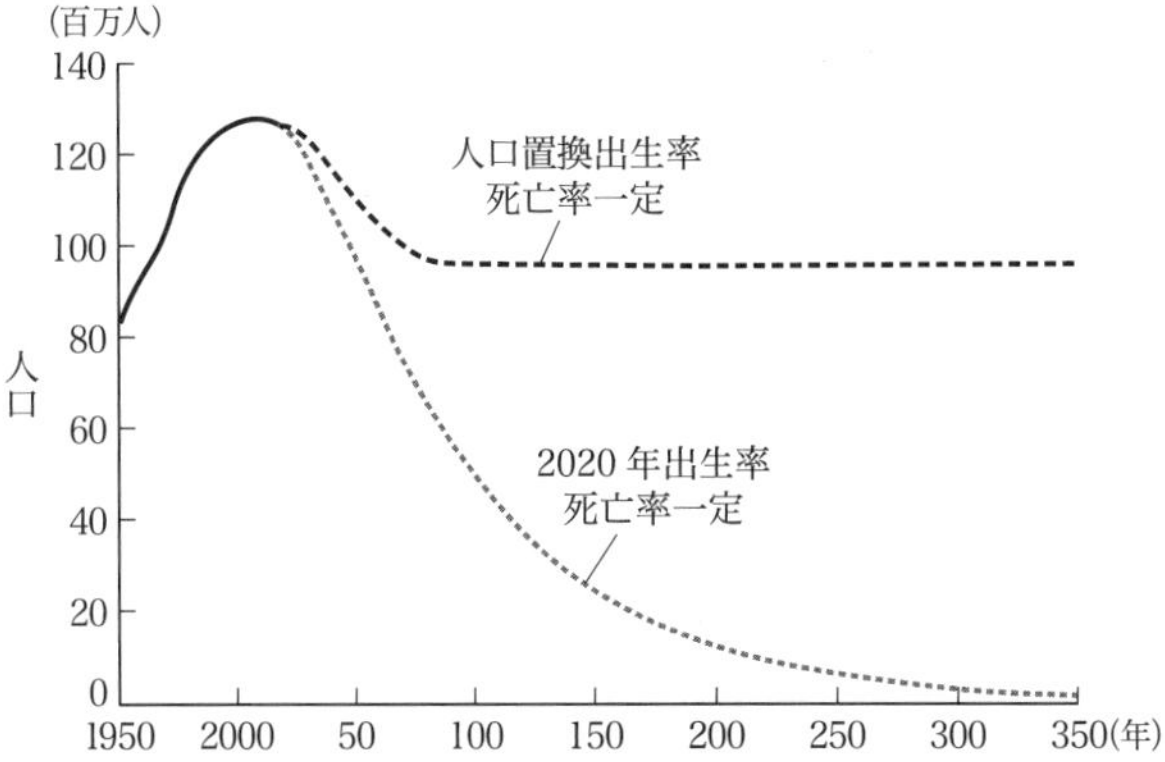

資料：国立社会保障・人口問題研究所(2022)

図 1-6　自然動態を固定した場合(置換水準 vs 人口減少)

年から２０２１年までの71年間の推定データで、その倍以上の推計をすることは無謀であり、国連がその先を示さないのは良識ある態度だと思う。しかし、本書のように長期の人口変動を考えるには世紀末までの14年間では足りない。

そこで社人研の日本の将来推計(国立社会保障・人口問題研究所 2017)(図１-１)と類似した条件で、２０２０年の日本人口を元に、２０２０年時点で出生率と死亡率を人口置換水準で一定にした場合と、出生率と死亡率が置換水準以下の状態(２０２０年の値)で固定した場合を比較すると(図１-６)、２０２０年時点で出生率と死亡率が直ちに置換水準を回復したとしても、総人口は２０９０年まで減少することがわかる。人口のモメンタム(慣性)といわれるもので、人口は年齢構造の影響を受けるため、その分だけ静止状態になるまでには時間がかかる。これに対し、2020年時点で出生率と死亡率を置換水準以下の状態(2020年の値)で固定した場合は、日本の人口減少は急激に進み、80年後の2200年には2000万人以下となり、2300年には200万人以下となることがわかる。つまり、日本の場合も、世界人口の場合も、ポスト人口転換に入り少子高齢・人口減少が始まり、出生率と死亡率が置換水準以下の状態から回復しない場合は、300年もしないうちに、人口はピークの100分の1程度まで縮減すると考えられる。300年といえば1世代35年(世代間隔)として10世代先の話であり、遠い未来のような気もする。しかし、逆に今から300年前を振り返れば、18世紀、日本は江戸時代中期で享保の改革があった頃、ヨーロッパでは産業革命やフランス革命が起きた。あるいは人口転換の初期膨脹期であり、世紀末(1798年)にはトマス・ロバート・マルサスが人口論を書いている。つまり、人口学的見地からは世界人口がそのまま消滅に向かう可能性も十分にあるといえよう。

第2章　持続可能な人口の原理

1　コーエンの絶滅曲線

ホモ・サピエンスの人口増加

最新のDNA進化学の成果によれば、人類の祖先は、およそ700万年前まで遡れるが、様々な分岐から、人類(ホモ属)が誕生するのが250万から200万年前であるという。我々と同じ現生人類であるホモ・サピエンスがアフリカで誕生(他の人類から分岐)したのは30万年前から20万年前頃であり、6万年から5万年ほど前に本格的にアフリカを出て(アウト・オブ・アフリカ)、旧大陸にいたホモ・サピエンス以外の人類を駆逐しながら世界中に広がったとされている(篠田 2022)。

現生人類ホモ・サピエンスの人口は、今から1万年前で500万人から1千万人、2000

年ぐらい前の紀元元年前後で2億人から4億人、300年前の18世紀中頃で6億人から9億人、20世紀初頭の1900年頃で16億人から18億人であったと推計されている(国立社会保障・人口問題研究所 2022)。

しかし、先の新推計(UNWPP22中位)によれば、世界人口(ホモ・サピエンスの人口)は1950年の25億人から1960年には30億人、1975年には40億人、1987年には50億人を突破し、さらに1999年に60億人、2011年に70億人、そして2022年に80億人を超え、世紀末までには100億人を超えると予想されている。単純にいえば150年間で4倍以上に増加することになる。

したがって、人類史全体を俯瞰すれば、ホモ・サピエンスが誕生し現在のように急激に増加するようになったのは、人類史700万年の最後の1万2千年、それも17世紀末頃からであり、地球環境の持続可能性という観点からは、ホモ・サピエンスが急激な人口増加の末に「成長の限界」に達し、遠からず絶滅するという終末論的未来が浮かんでくる。

イスラエルの歴史学者ユヴァル・ノア・ハラリは、世界的ベストセラー『サピエンス全史——文明の構造と人類の幸福』の中で、次々とライバルの生物種を絶滅に追いやるホモ・サピエンスを、自然生態系のシリアル・キラー(連続殺人鬼)と呼んでいる。人類が小麦や米などの特定の穀物種や、牛・豚・鶏などの家畜動物のみを異常繁殖させたことにより、生物多様性を

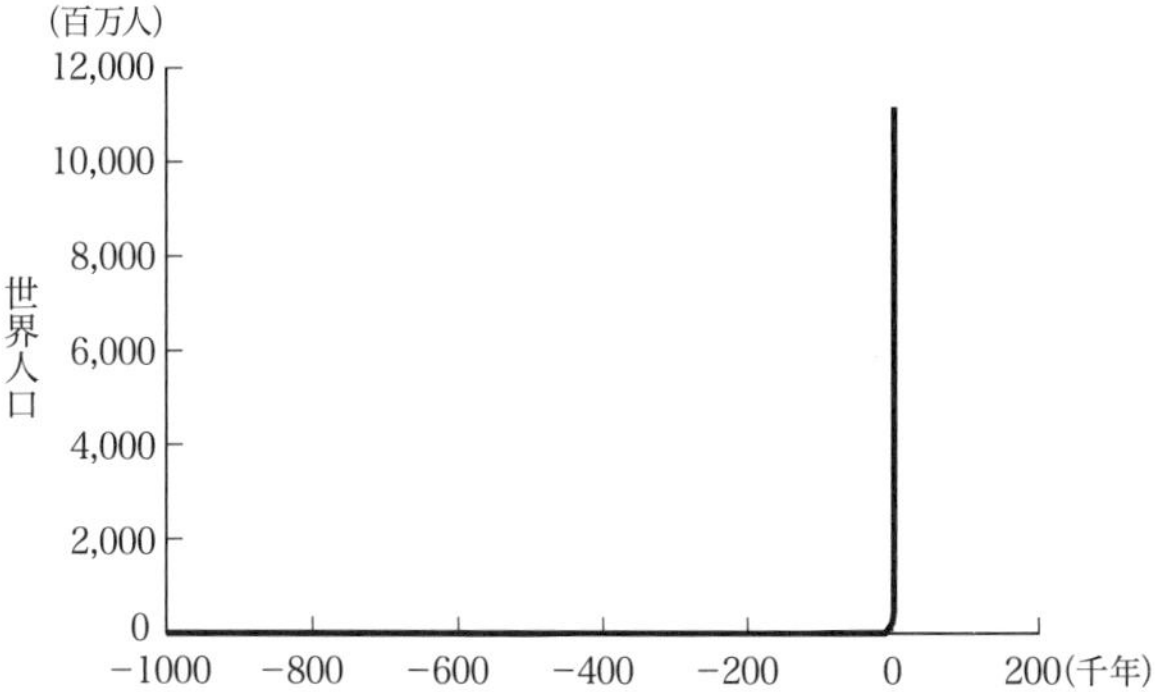

注：コーエン(1998)の図5-1を参考に国立社会保障・人口問題研究所(2022)の表1-9世界人口の推移と推計．紀元前〜2100年を元に作図．横軸に紀元前100万年から紀元後20万年，縦軸を0から120億人とし，両軸とも対数化せず

図2-1　コーエンの絶滅曲線

阻害し、地球上の自然生態環境そのものを破壊してきたと非難している。彼と同じような視点に立つ学者や知識人は少なくないし、欧米や日本の若い世代の間では世界人口の増加は自然環境に対する絶対悪とみなされている。極端な環境主義者に至っては人類の絶滅は危惧すべきことではなく、むしろ望ましいことと考えられているようだ。

コーエンの絶滅曲線

世界的に著名な人口学者コーエン（Joel E. Cohen）は『新人口論』（1998）の中で、紀元前100万年から現在までの世界人口の変化をグラフ化し、離陸する飛行機が垂直な壁に沿い急上昇しているような、逆L字型のロングテールな曲線として描いている（図2-1）。垂直に近い人口増加後の19万年ほどが空白となっており、この図からは、遠か

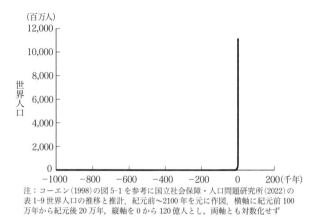

らず（遅くとも1万年以内に）人類は絶滅し、ホモ・サピエンス（世界人口）は地球上から消滅すると解釈できる。コーエン自身は同書の中では地球人口（世界人口）の上限について、様々な考察を行っているが、そのような解釈を行っているわけではない。しかし、ここでは便宜上、このカーブをコーエンの絶滅曲線と呼ぶことにする。

過去1万2千年の人口成長率の推移

このような急激な増加が始まったのは、最後の1万2千年、それも17世紀末頃からであり、その間の世界人口の成長率を求めると次のようになる（図2-2）。

r＝0.04％　（紀元前1万年～紀元前後）　狩猟採集社会
r＝0.29％　（1650年頃）　農耕社会
r＝0.51～0.98％　（1750～1900年頃）　産業社会の始まり
r＝2.05％　（1965～70年）　人口爆発
r＝0.11％　（2095～2100年）　人口成長の終焉⇓人口減少へ

計算の仕方としては、BC（紀元前）1万年頃の人口が500万～1千万人（中間を取り750万

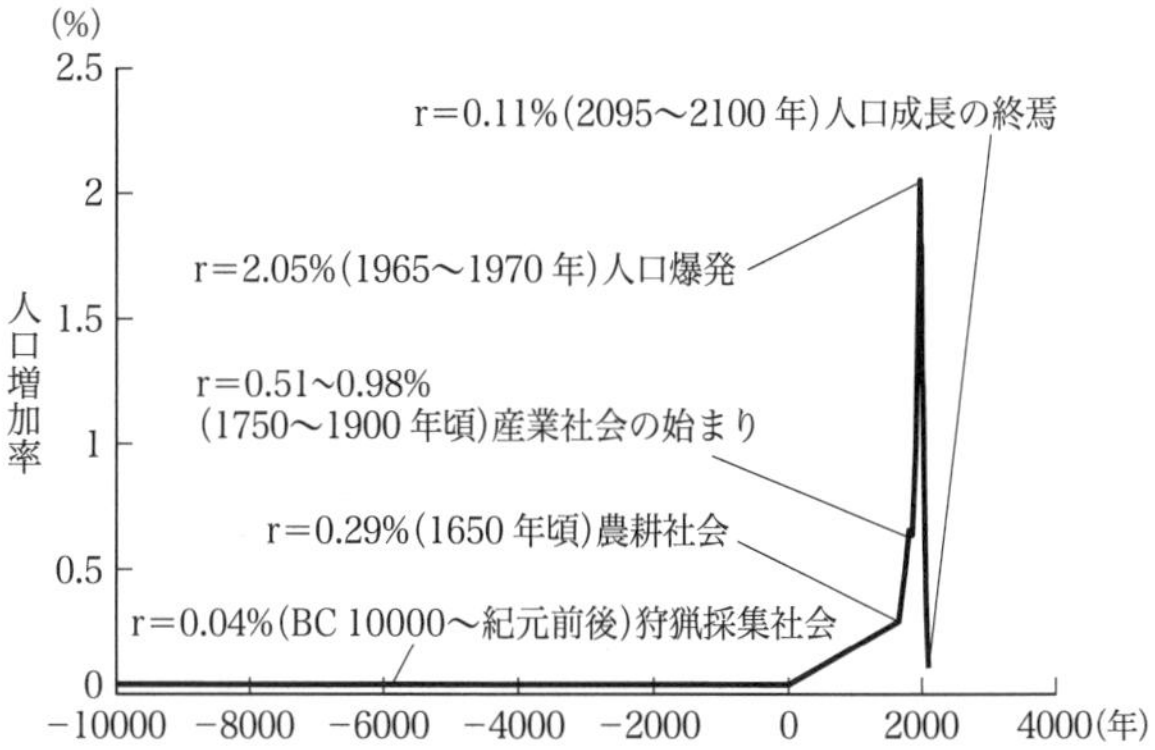

注：国立社会保障・人口問題研究所(2019)の表 1-9 世界人口の推移と推計．紀元前〜2100年 を元に算定．2095〜2100 年は前回の国連将来推計(UNWPP19)の値．新推計(UNWPP22)では 2100 年の値は−0.11%

図 2-2　過去1万2千年の人口成長率の推移

人)であったとして、それが紀元元年前後の人口2億人から4億人(推定2・5億人)に増加するのに約1万年かかっているので、人口が指数関数的増加(マルサスのいう幾何級数的増加のこと。掛け算で増加する。銀行預金の複利計算と同じ、利子率に応じ元本が増大する)をした場合の人口増加率rを逆算して求めると、その値は、年率0・04%と極めて低い値となる。農耕の発生は8千年から1万年前といわれているが、全体的には紀元元年前後ぐらいまでの世界では、自然生態系に依拠した狩猟採集社会が続いていたと思われる。

同じようにして1650年頃までの人口増加率を計算すると、その値は年率0・29%と狩猟採集社会の7・3倍になっている。ハラリの指摘にあるように、世界は自然生態系の中から

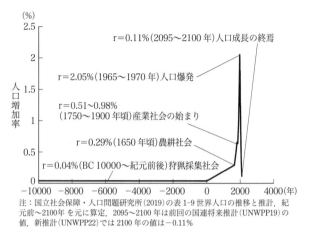

小麦や米などの特定の穀物種や牛・豚・鶏などの家畜動物だけを選んで利用する農耕社会に移行した。次のステップは1750〜1900年頃で、人類は産業革命を経て自然生態系（あるいはその化石・鉱物資源）の中から資源・エネルギーを抽出し工業生産を行う産業社会に移行する。人口増加率は0・51〜0・98％と農耕社会の2倍から3倍となる。そして、1965〜1970年には人口増加率は2・05％という驚異的な値となり、世界人口は、人口爆発と呼ばれる急激な人口増加を経験する。しかし、人口増加率が平均2％を超えたのはこの5年間だけであり図が示すように、その後、人口増加率は低下し、国連の前の将来推計（UNWPP19）では農耕社会の0・29％より低くなり、2100年には0・11％まで低下、狩猟採集社会の0・04％に近づくと予想された。なお、この図には示していないが、国連の新推計（UNWPP22）では、2100年の人口増加率はマイナス0・11％とマイナスの値になると推計されている。

この人口増加率のマイナス、すなわち人口減少をどう理解すべきか。まず、注意すべきは、20世紀後半の人口爆発に対応する1965〜1970年の人口増加率2・05％や2095〜2100年の0・11％あるいは新推計のマイナス0・11％は、5年間または1年間という短期間の平均値であり、それ以外の人口増加率ははるかに長期間の平均値であるという点だ。このため、最後の人口爆発と人口縮減のような変動が過去にあったとしても、この計算結果（図2-2）には現れないという単純な事実である。実際、ホモ・サピエンスの長い歴史の中で、世界人口の増加率がマイナスに転じた時期は、これまでにもあったと思われる。平均気温の低下(今風にいえば地球寒冷化)による食料事情の悪化、ペストや天然痘など疫病の流行、古くは中国の春秋戦国時代、ヨーロッパの百年戦争(1337〜1453年)や日本の戦国時代(1467〜1590年)など戦乱が長く続けば、広範な地域で人口減少が長く続いたことが記録されている。また地域的・時間的に限定すれば、世界人口はほとんど常に増加と減少を繰り返しているといえる。したがって、今世紀後半になり、人類史上初めて人類が減少するわけではない。しかし、これまでに知られている歴史的な人口減少は比較的容易にその原因を推察できるが、これから人類が直面する人口減少は、時間差をともないながらも世界全体に広がってゆき、しかも来世紀に入っても続くと考えられ、これまでのものとは明らかに性質が異なる。狩猟採集社会から農耕社会へ、農耕社会から産業社会へと、長期的には、これまで一貫して人口成長を続けてきたホモ・サピエンスが初めて成長から縮減へと向かうとすれば、この人口減少は「サピエンス減少」ともいうべき画期的な出来事であるといえる。

指数関数的増加のフラクタル性

確かにコーエンの絶滅曲線は、指数関数的増加の爆発的性質を示すとともに、それが永遠に続くものではなく、いずれ終焉すれば、このような形になることを示している。しかし、実は

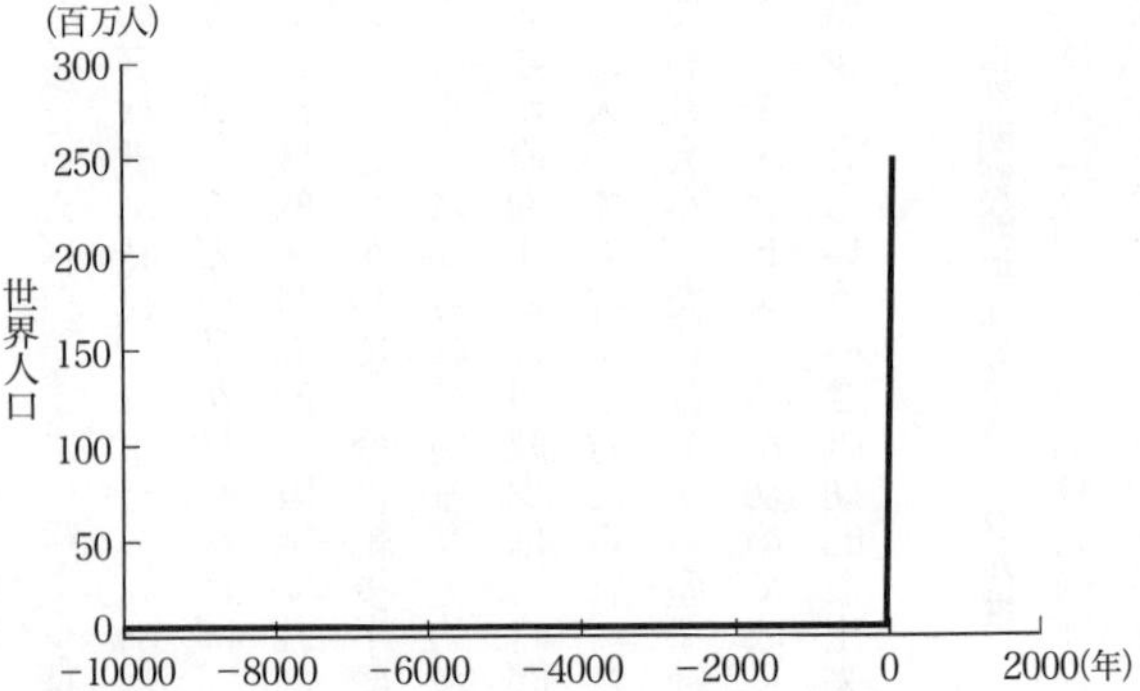

注：1万2千年前から紀元前後までの狩猟採集社会（人口増加率0.04％）．形は図2-1と同じだが，上限は2億5000万人

図2-3　紀元前後の絶滅曲線

過去の1万2千年のどの時点においても、この絶滅曲線と同じ形のカーブが描かれることはあまり知られていない。

たとえば1万2千年前から紀元前後までの狩猟採集社会（人口増加率0・04％）について作図しても絶滅曲線の形は変わらないことがわかる（図2-3）。これを100万年前から20万年先までのもの（図2-1）と比べると、こちらは総人口の推定2・5億人に合わせ、縦軸の上限を3億人にしているが、元図（図2-1）では上限を120億人にしている。同じように1650年頃の農耕社会について作図しても（図2-4）、4億7千万人に合わせ上限が5億人にスケールアップしているが形状は変わらない。つまり、人口が指数関数的に増加する限り、初期値と直近値の間に十分な時間的距離を取り作図すれば、常に逆L字型のロングテール

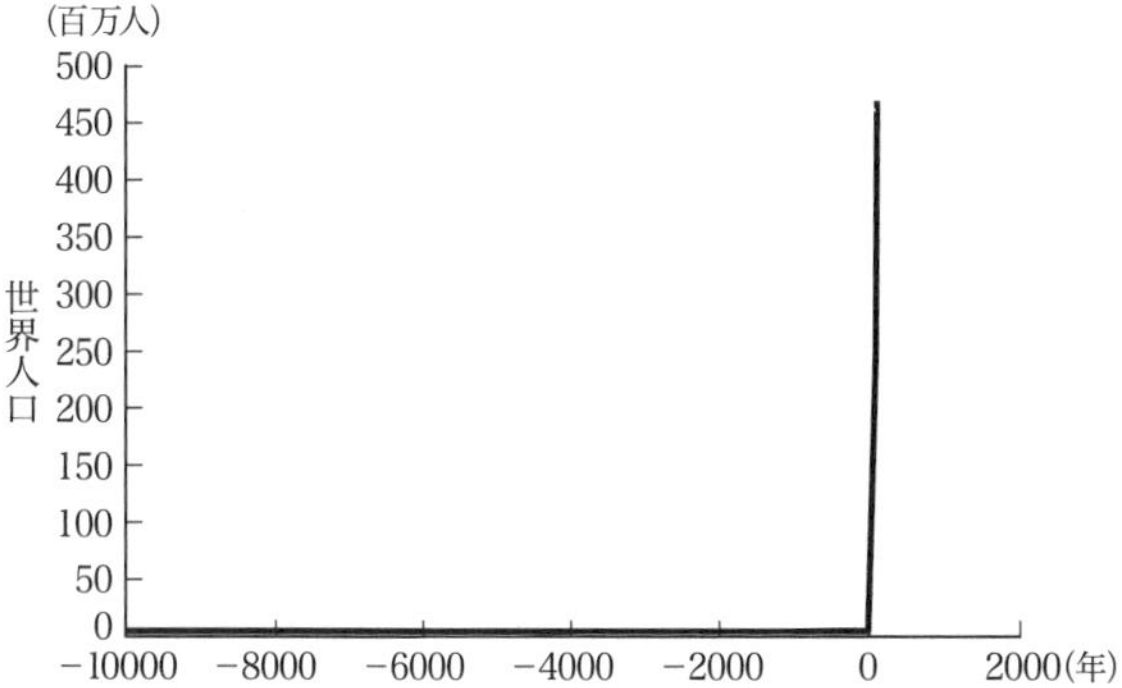

注：1650 年頃の農耕社会(人口増加率 0.29％)．形は図 2-1 と同じだが，上限が 4 億 7000 万人

図 2-4　1650 年頃の絶滅曲線

な絶滅曲線となる。

これは人口に限らず、指数関数的増加の曲線にはフラクタル性(どこを取っても同じ形になる)があるためと考えられる。

また、これらの図では基準年を０として以降20万年までが空白となっており、実線の幅に相当する約１万年以内に絶滅することが暗黙裡に仮定されている。原理的には、絶滅がさらに先に延びれば実線の幅も広がるはずである(20万年先まで延びれば実線ではなく黒い帯になる)。したがって、コーエンの絶滅曲線はいつ絶滅するかを示すものではなく、遠からず絶滅すると仮定した場合の曲線を描いているに過ぎない。このコーエンの絶滅曲線は、横軸のスケールを１００万年前から20万年先まで１２０万年の期間を取っているため、飛行機が垂直に離陸するような印象を与えるが、横軸を１万２千年前から２１００

年にすると、基準年までのスケールが広がるため、通常の指数関数的増加のカーブが姿を現す。

実は、こちらの方が、人類が長い進化の果てに人口増加が加速し人口爆発を起こし今や絶滅の危機に瀕している証拠として、一般的にはよく知られている。しかし、この曲線の場合も指数関数的増加のフラクタル性は変わらないので、1万年前であれ2100年であれ、縦軸(人口数)と横軸(時間)のスケールを調整すれば、どの時点でも同じ形の曲線が得られる。したがって、コーエンのものも含め、いわゆる絶滅曲線は人類の滅亡が今日明日に迫っている証拠を示すものではない。

むしろ見方を変えれば、これらの絶滅曲線は、人口が指数関数的増加を続ける限り、常に絶滅の可能性はあるが、これまでのところ人類はその危機を乗り越えて生きてきたという事実を示しているといえよう。

2 人口波動モデル

人口爆発はどのように収束するのか?

マルサスが「幾何級数的」と形容した指数関数的増加のダブリングタイム(人口が2倍になるまでの時間)は年率1%で約70年、2%で35年ほどであり、1960年代の人口爆発の2・05

%(1965〜70年)のもとでは世界人口は約35年(概ね1世代)ごとに倍増する状況にあった。しかし、このような爆発的な人口増加は人類史的な時間スケールでみれば一瞬の出来事であり、遠からず「成長の限界」に達し人口増加率は0%に漸近する(図2-2)。

この場合、人口は指数関数的増加ではなく、成長曲線(ロジスティック曲線、S字カーブ)を描き「成長の限界」に漸近する。成長曲線はヒトの身長や体重のように(無限に増加することはあり得ない)、あらかじめ成長に一定の限界がある場合の指数関数的増加のパターンであり、前半は加速度的に増加するが途中から増加が小さくなり、最後は0になって成長限界(K)に達し、成長は止まる。人口の増加(成長)も同じで、無限に増加することはできず(無限増加するとすれば、理論的には増加は光の速さとなり宇宙全体が人類になる。興味深い冗談だが)、指数関数的増加は途中から小さくなり、成長限界に達し人口爆発は収束する。しかし、この間、人口規模は数倍から数十倍に膨れ上がり、人類社会は、次の新しい社会へと移行すると考えることができる。歴史的にも世界人口の飛躍的増大は、狩猟採集社会から農耕社会へ、農耕社会から産業社会へとシフトする過程で起きたことが知られている。また、ホモ・サピエンスの場合、社会システムが進化するごとに成長限界が次のレベルにシフトする結果、この成長曲線は一つではなく複数の成長曲線が連続したものとなると考えられる。

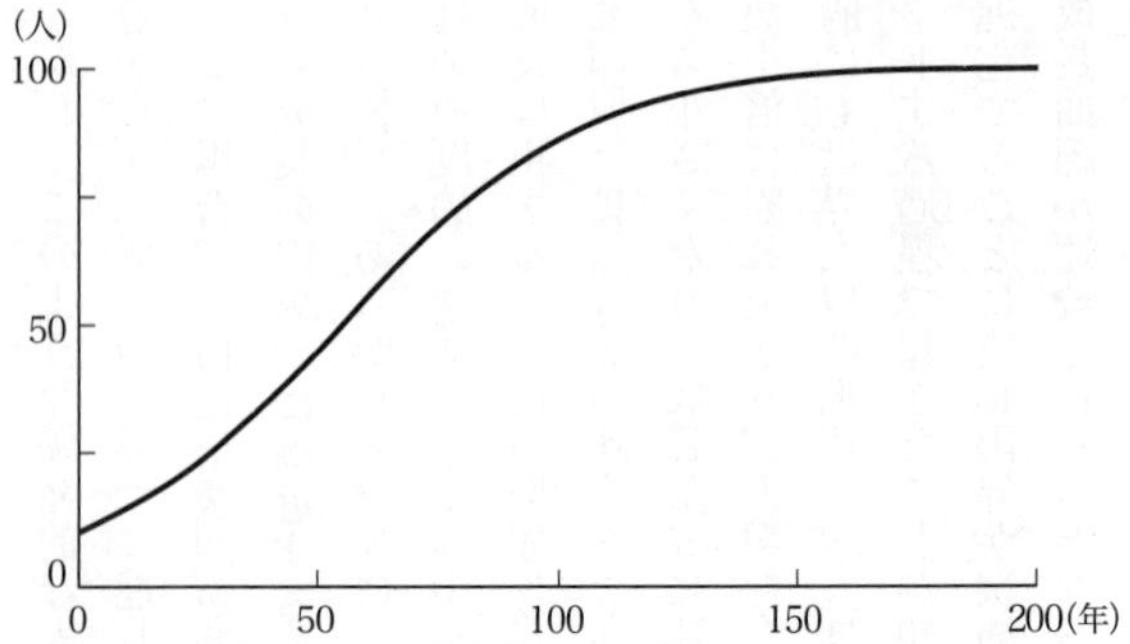

Wave1: ST(シミュレーション時間)＝0 年の総人口＝10 人，成長限界 K1＝100 人．ST＝150 年まで成長し停滞する(Hara 2020)

図 2-5　第 1 波(0 年から 200 年：上限 100 人)

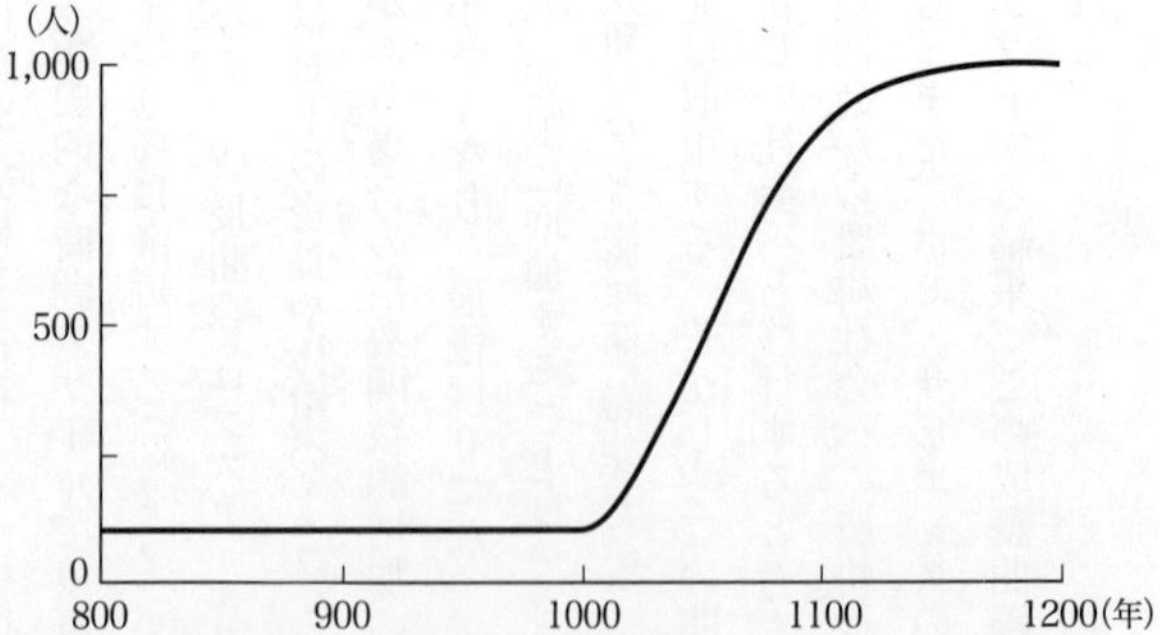

Wave2: ST＝1000 年に SWT1 が入り，K1 から K2＝1,000 人．成長限界が 10 倍になる．次の成長曲線が始まり ST1200 年頃に人口は 1,000 人に達し停滞する(Hara 2020)

注：SWT はスイッチ関数．ここでは K1＝100 人から K2＝1,000 人に切り替える

図 2-6　第 2 波(800 年から 1200 年：上限 1,000 人)

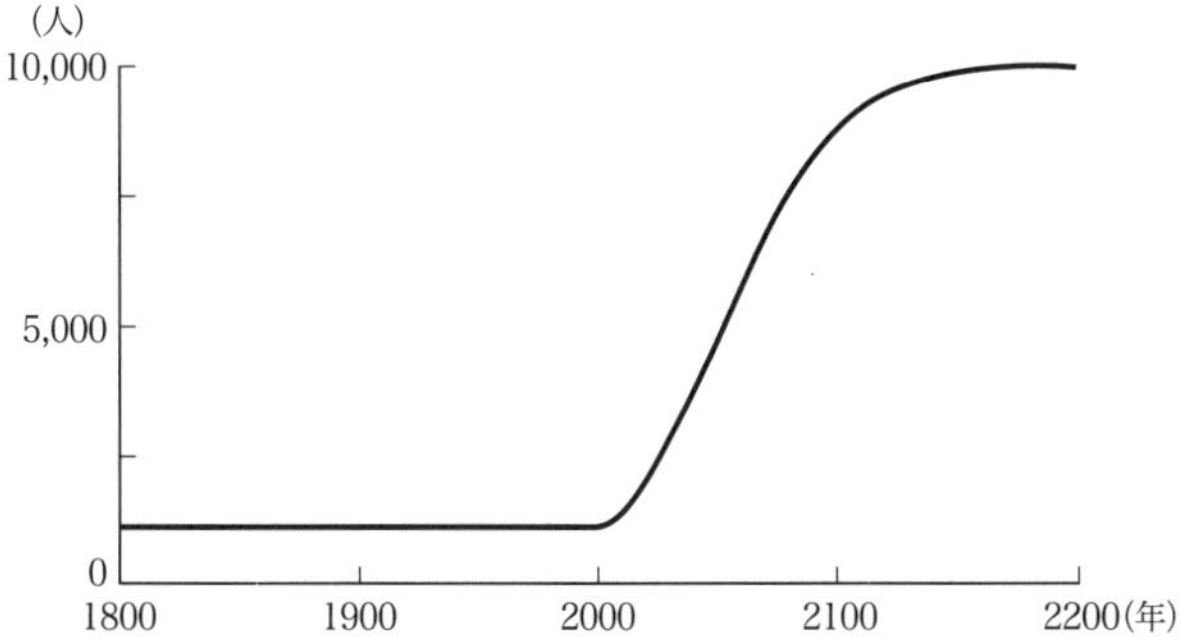

Wave3: ST＝2000 年に SWT2 が作動，成長限界が K2 から 10 倍の K3 に，ST＝2020 年頃から第 3 の波が起こり 1 万人まで成長し停滞する(Hara 2020)

図 2-7　第 3 波(1800 年から 2200 年：上限 10,000 人)

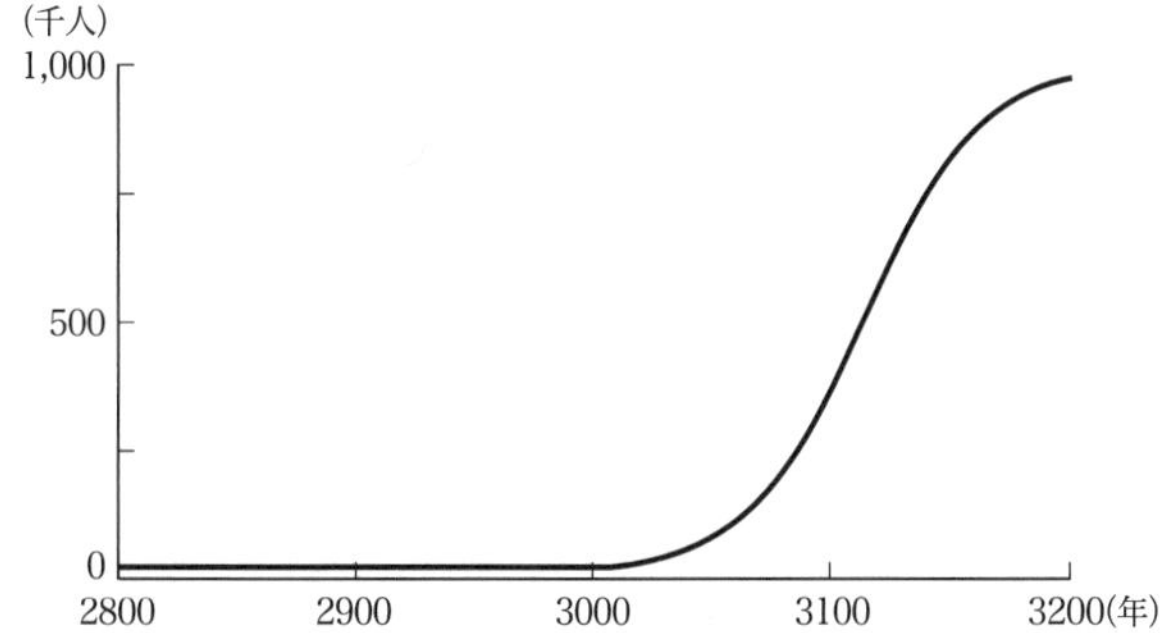

Wave4: ST＝3000 年に SWT3 が作動し，K3 から 100 倍の K4．第 4 の波が起こり，人口は 100 万人まで成長し停滞する(Hara 2020)

図 2-8　第 4 波(2800 年から 3200 年：上限 100 万人)

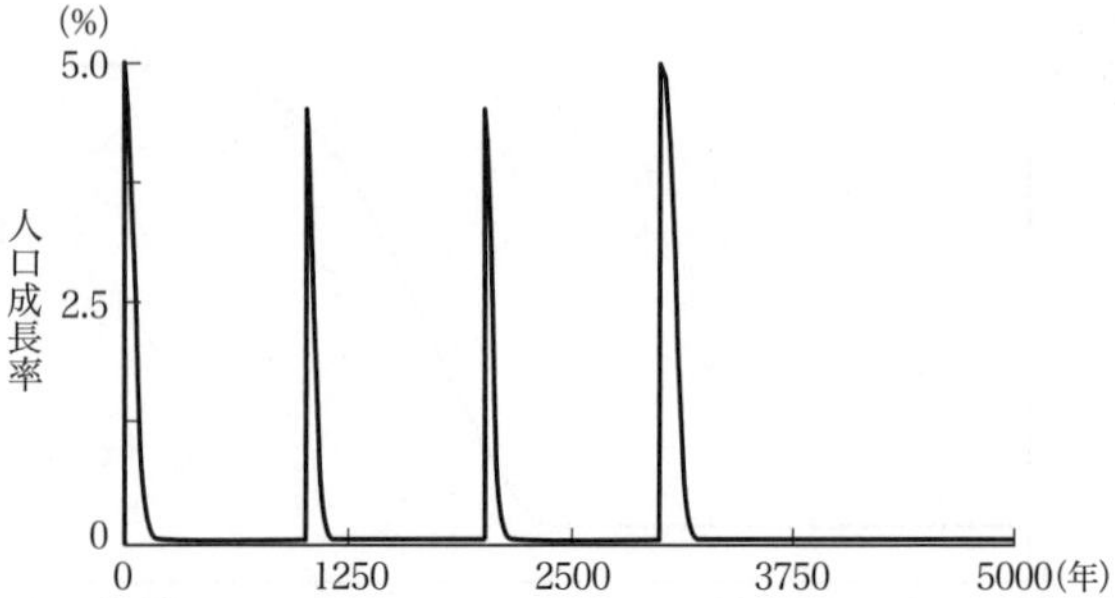

人口成長率は SWT ごとに 0% から 5% に上昇し再び 0% に下降する．1000 年ごとに 4 回のパルス状の変化が起こる (Hara 2020)
注：モデルの人口成長率は標準値 4%(一定)だが，人口規模と成長限界(K)の差に応じ変化する．また K に達すると同時に人口成長率＝0% になる

図 2-9　人口成長率のパルス状の変化

多段階の成長モデル

そこで、人口、人口成長率、成長限界からなる成長モデルを作成し、一定の時間間隔で成長限界(K)が10倍(最後は100倍)になるケースについてシミュレーションを行った。その結果は、予想通り、ロジスティック曲線が多段階で連なる人口成長カーブとなった(図2-5／図2-6／図2-7／図2-8)。すなわち、成長限界(K)が上昇するごとに、新たな人口増加の波が起き、人口規模は新しい成長限界まで増加する。人口は次々と起こる波のように増加してゆくので、このような多段階の成長モデルを、ここでは人口波動モデルと呼ぶことにする。

人口波動モデルのフラクタル性

この人口波動モデルでは、ロジスティック曲線が多段階で連なる人口成長カーブが描かれる。各段階

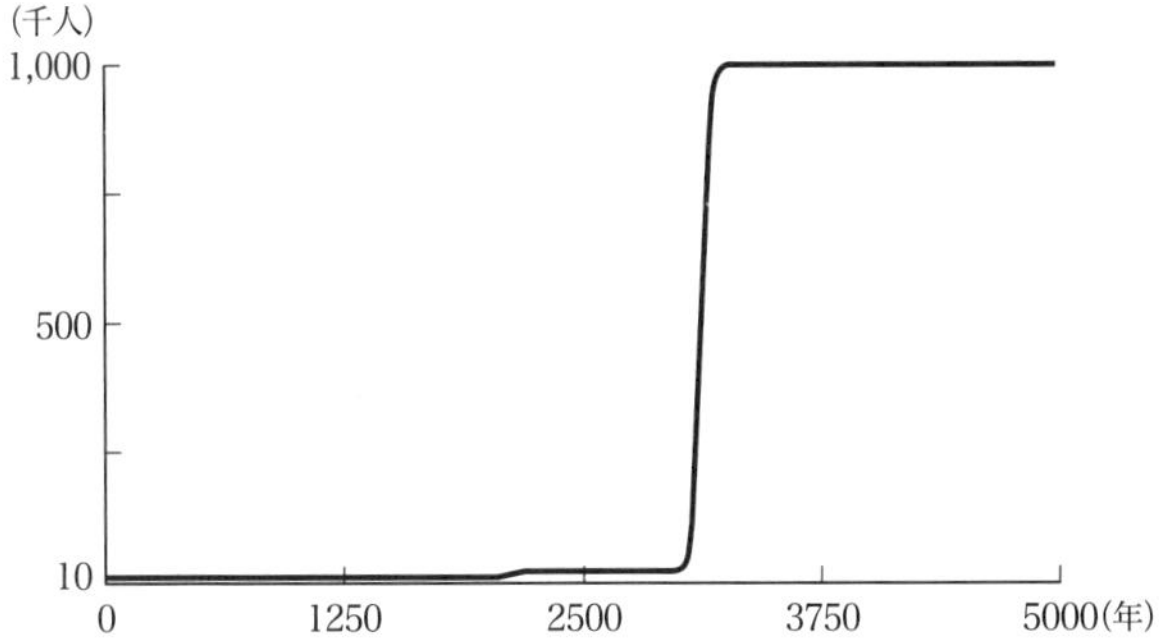

多段階で連続する 4 つの波は，5000 年という長期間でみれば，1 つの連続した波として成長曲線を描く(Hara 2020)

図 2-10　全体としての波(0 年から 5000 年まで)

で人口成長率はパルス状に跳ね上がり短期間に収束する(図2-9)が、その度に人口規模は10倍ないし１００倍に膨れ上がる。このため作図により、個々の波の成長曲線を確認するには、期間と人口規模を限定しなければならない。前掲の図に示した各段階の波は、長期の人口成長カーブの一部を期間(ST：シミュレーション時間)と人口規模(縦軸のスケール)で調整し分割して示したものである(図2-5/図2-6/図2-7/図2-8)が、全期間を取り、最後の人口規模に合わせて作図すると、全体としては、また一つのロジスティック曲線を描くことがわかる(図2-10)。つまり、連続するロジスティック曲線にも、指数関数的増加と同じようなフラクタル性がある。また成長限界に達し成長が収束した後の期間が十分短いか、あるいは全体の観察期間が十分に長ければ、成長曲線の最後の期間は図示できないほど短くなり、それは指数関数的増加と区別がつかなくなる。つまり、絶滅曲線になることがわかる。
このような波動状の多段階の人口増加は、世界人口全体に限らず、地域別、国別でも同じようなことが起きていると考えられる。また、このような波動は、同じ人口が連続的に変化するものとは限らず、成長する人口と衰退する人口が入れ替わったり混じり合ったりすることも十分考えられる。要するに、今、起きていることは特別なことではなく、普遍的な人口変動パターンの一局面に過ぎないともいえる。

3 持続可能な人口の原理

マルサスの『人口の原理』

人口学の始祖、ロバート・マルサスは『人口の原理』(1798)の中で、人口は指数関数的に増加するが、食糧などの社会的生産は線形的にしか増加しない、そのため人口増加が続けば、社会は貧困化すると予言している(マルサス 1950)。

私は二個の公準(ポスチュラータ)を置くことは当然ゆるされると考える。
第一、食物は人類の生存に必要であるということ。

第二、両性間の情慾は必ずあり、だいたい今のままで変わりがあるまいということ。

（中略）

人口の増加力は人類のための生活資料（substance）を生産すべき土地の力（power in the earth）よりも不定に（indefinit）大きい、と主張する。

人口は制限（check）せられなければ幾何級数的（geometrical ratio）に増加する。生活資料は算術級数的（arithmetical ratio）にしか増加しない。多少ともに数学のことを知っている人ならば、前者の力が後者のそれに比してどれほど大きいか、それがすぐわかるであろう。

この人口増加が続けば社会は貧困化するというマルサスの予言は、いままでのところ現実化していない。というのも、彼が『人口の原理』を書いた時代からみれば、人口は確かに指数関数的に増加したが、同時に、産業革命などが起きたことにより食糧などの社会的生産も人口以上のスピードで指数関数的に増加したからである。逆にいえば、マルサスの予言が当たっていれば、世界人口が１００億人近くまで増加することはなかった。

しかし、食糧などの社会的生産が無限に増加するとは考えられず、いつか人口増加に追いつかなくなれば、マルサスの予言は現実化する。生産すべき土地の力を、文字通り、地球環境からみた社会的生産の限界と捉えれば、マルサスの予言は今日においても、なお有効である。世

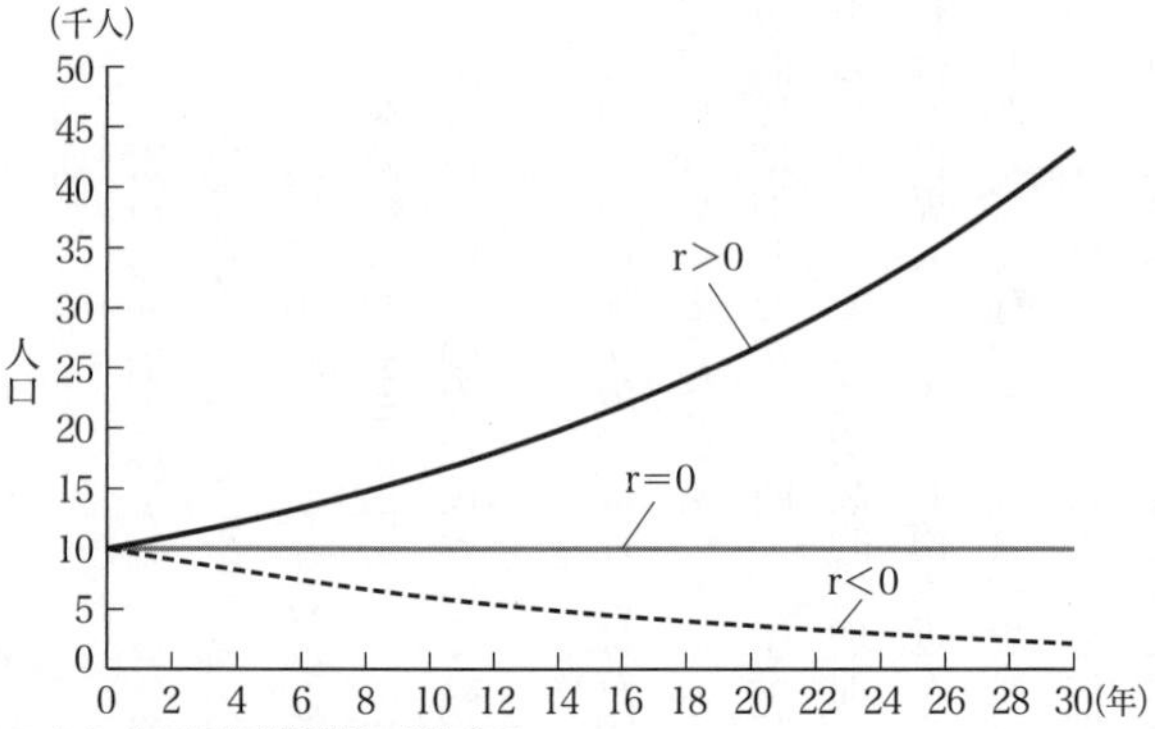

r>0, 人口は指数関数的に増加する.
r=0, 人口は増えも減りもせず停滞する.
r<0, 人口は指数関数的に減少し 0 に漸近する.
資料：Hara(2020)の図を翻訳

図 2-11　指数関数的増加 vs 指数関数的減少

界人口が爆発的に成長した1960〜70年代あたりから世界的な食糧不足が懸念されるようになり、また地球生態環境の破壊や汚染が深刻化した。今日においても地球温暖化が進み食糧などの社会的生産が縮減するようなことがあれば、人口の持続可能性が危機に瀕することは十分考えられる。

一方、マルサスは人口の指数関数的増加については言及しているが、指数関数的減少についてはあまり触れていない。

指数関数的増加 vs 指数関数的減少

マルサスが述べたように人口は幾何級数（指数関数）的に増大する（図2-11）。なぜかといえば、人口が増えると人口規模が大きくなり、同じ増加率であっても、その分だけ人口増加数が大きくなる。このような状態が時間とともにスパイラル状に続くので人口は急激に成長する。つまり、人口増加率 r がプラス(r>0)であれば人口は指数関数的に増加する。また r が小さければ増加は遅く、大きいほど早く急激になる。

マルサスは触れていないが、人口が減少する場合も、幾何級数(指数関数)的に減少する(図2-11)。つまり人口増加率 r がマイナス(r<0)であれば、人口は指数関数的に減少する。r の値が小さければ減少は遅く、大きいほど早く急激になる。ただし、人口が減ると人口規模も小さくなり、同じ減少率(マイナスの増加率)であっても、その分だけ減少数は小さくなる。このため人口増加では人口は爆発的に増加してゆくが、人口減少では、人口も減少数も小さくなり0人に漸近してゆく。

今日では、このような人口の指数関数的増加・減少は次の式で表現される。

$$\frac{dN}{dt}=rN \quad Nt=N_0 e^{rt}$$

t は時間、N は人口、N_0 は初期人口、Nt は t 時間後の人口、e は自然対数の底で、数学者ジョン・ネイピアの名前をとってネイピア数という(e=2.71828…)。なお e はネイピアではなく、公式を考えたオイラーの頭文字からきている(この種の命名は実に不規則で数式の理解の妨げになる）。rは人口増加率（または自然増加率あるいは人口成長率）、e^{rt}（イー・アール・ティーと読む）は、eをrt乗した値、つまり指数関数EXP(rt)。したがって、t時間後の人口＝初期人口×EXP（人口増加率×時間）で計算できる。dNは人口増加（減少）、dtは単位時間、つまり、単位時間あたりの人口増加（または減少）数は、r人口増加（減少）率とN（人口規模）の大きさで決まるという当たり前のことを言っているだけだ。コンピュータで繰り返し計算をしなくても一発で答えが出る。また式を変形すれば、いろいろな値を求めることができるのでマルサスの時代よりはるかに便利になっている。

ダブリングタイムと半減期

人口増加や人口減少のスピードは人口増加率の大きさで決まる。人口増加では、人口が倍増するまでの期間をダブリングタイムといい、次のような式で簡単に求められる。

$$T_d=\frac{\ln(2)}{r}\approx\frac{70}{r\times100}$$

T_dはダブリングタイム、ln(2)は2の自然対数で0.69314…≒0.70、r＝1％＝0.01なので、分子、分母を100倍にして小数点以下を切り上げにすると整数になり、70÷r％となる。つまり、

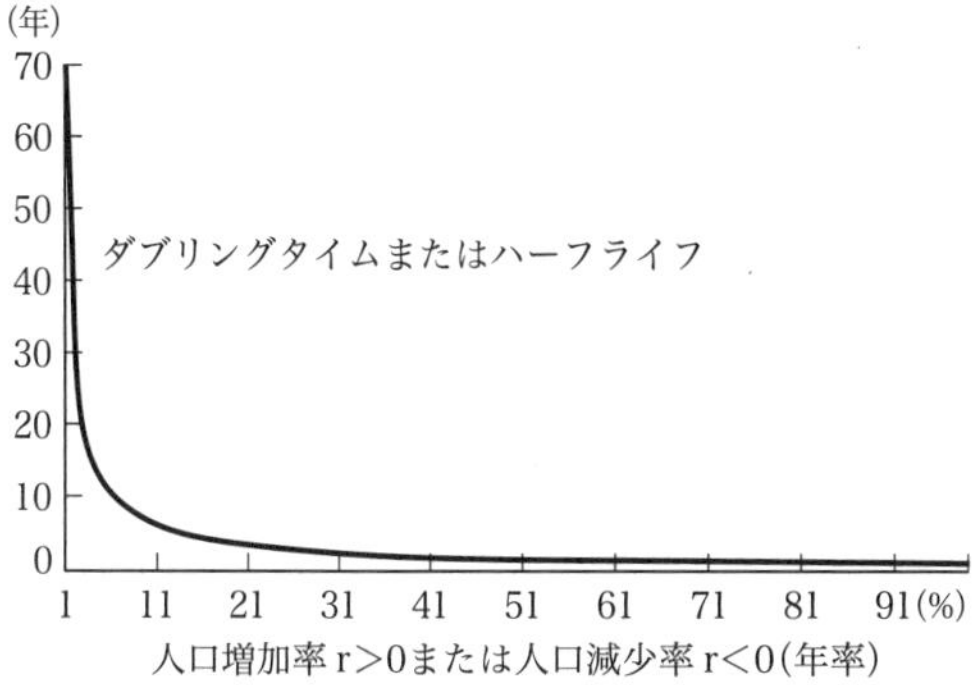

注：人口減少の場合はダブリングタイム(倍増期)ではなくハーフライフ(半減期)という．人口増加率に対応する期間の長さ(時間)は同じである．ハーフライフという言葉は，人口学ではこれまでほとんど使われてこなかったが，放射性同位元素の寿命を表す言葉としては非常にポピュラーである

資料：Hara(2020)の図を翻訳

図 2-12　ダブリングタイム

人口が2倍になるまでの時間は、70年を人口増加率の%の値で割れば近似的に求められる。たとえば年率1%で増加する人口のダブリングタイムは70年、2%で35年、7%では7年と、人口増加率が大きくなる程、人口は短期間に倍増する(図2-12)。人口爆発(population explosion)といわれる年率2%の人口増加率では、約35年を1世代とすれば、人口は世代ごとに倍増することになる。すなわち1世代目を1倍とすれば、2世代目で2倍、3世代目では2×2=4倍、4世代目4×2=8倍、5世代目8×2=16倍、6世代目16×2=32倍、7世代目は32×2=64倍、8世代目は64×2=128倍となる。

人口減少では、人口が半減するまでの期間をハーフライフ(半減期)という(ダブリングタイムからの連想ではハーフタイムが良さそうだが、ラグビーやサッカーの休憩時間と被るからか？幽霊のように不気味な名称になっている）。この値も70年をマイナスの人口増加率（％の値）で割れば近似的に求められる。たとえば年率マイナス１％で減少する人口のハーフライフは70年、マイナス２％で35年、マイナス７％では10年と、％の値が大きいほど、人口は短期間に半減する（図2-12）。人口爆縮（Population Implosion）ともいわれる年率マイナス２％の人口増加率では、約35年を１世代とすれば、人口は35年ごとに半減する。つまり、１世代目を１とすれば２世代目で半分（０・５倍）、３世代目で４分の１（０・２５倍）、４世代目で８分の１（０・１２５倍）、５世代目で16分の１（０・０６２５倍）、６世代目は32分の１（０・０３１２５倍）、７世代目は64分の１（０・０１５６２５倍）、８世代目は１２８分の１（０・００７８１２５倍）となる。

人口爆発の場合、８世代目（35×8＝280年程）で人口規模が１２８倍となるような急激な人口増加に社会が適応できるかは疑問であり、マルサスが予言したように社会的生産が人口増加に追いつかなくなれば社会は崩壊するだろう。人口爆縮の場合も８世代目で人口規模が１２８分の１（１％以下）となるような、人口の急激な縮減に社会が適応することは容易ではないだろう。マルサスは予言していないが、社会システムの縮減が人口減少に追いつかなければ、やはり社会は崩壊するだろう。

成長（ロジスティック）曲線

マルサスは人口は制限されなければ幾何級数的（指数関数的）に増大するとしたが、人口が制限される場合については言及していない。しかし、実際の人口は自然環境や社会的生産などの制約を受けるため、指数関数的増加は長続きせず、成長限界（K）に達し、そのレベルで安定化すると考えられる。

成長（ロジスティック）曲線は、そのような考えを形にしたものであり、1838年にベルギーの数学者ピエール＝フランソワ・フェルフルスト（Pierre-François Verhulst）が考案し、アメリカの生物学者レイモンド・パール（Raymond Pearl）が普及させたといわれている。今日では生物の個体数の変化を表す基本モデルとなっている。成長曲線は次のような方程式で示される。N_0は初期人口、Ntはt時間後の人口、Kは成長限界、rが自然増加率である。人口は基本的に指数関数的に増加するが、その増加には成長限界（K）という制約があり、$N_0 e^{rt}$がKに近づくと人口増加が0に収束する形になっている。

$$N_t = \frac{N_0 K e^{rt}}{K - N_0 + N_0 e^{rt}} \qquad \frac{dN}{dt} = rN\left(\frac{K-N}{K}\right)$$

つまり、この成長曲線では、人口増加は一定ではなく、人口規模が成長限界（K）から遠い間

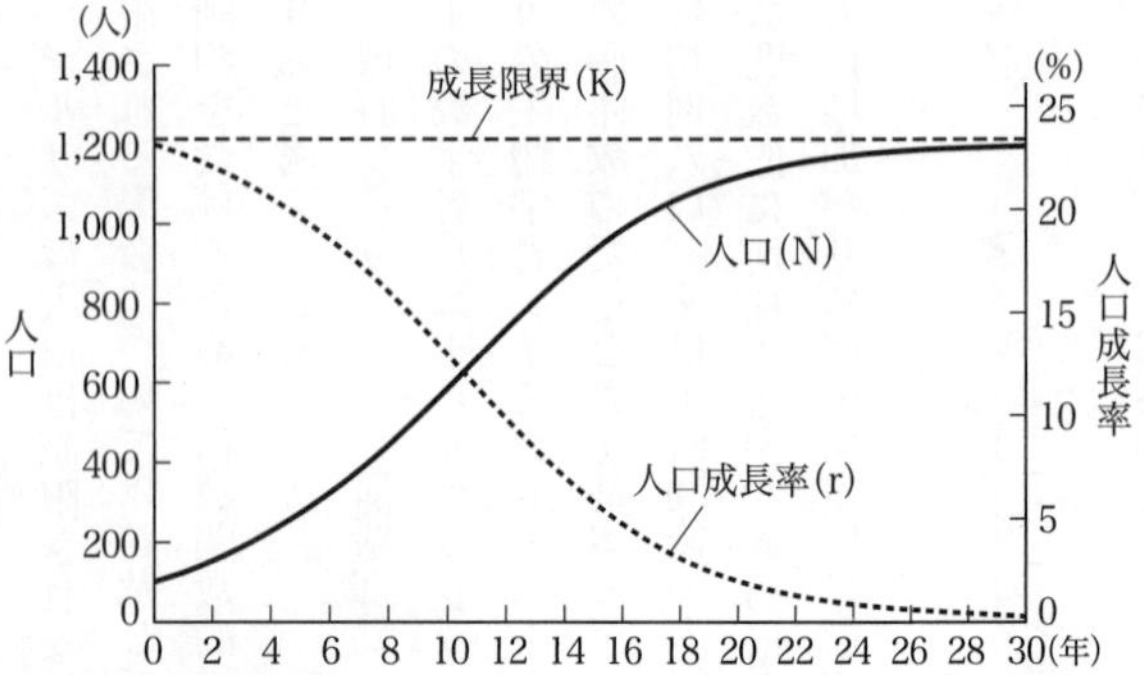

注：人口減少の場合は，人口のカーブが増加でなく減少となり，人口成長率はマイナスの最大から0%に変化していく．このため，この図の人口と成長率を入れ替えた形になる
資料：Hara(2020)の図を翻訳

図 2-13　成長(ロジスティック)曲線

は指数関数的に増加するが、Kの半分を過ぎたあたりから人口増加は減速を始め、Kに近づくにつれ収束し、最後は0になり、人口は増えも減りもせず安定(停滞)する(図2-13)。

人口減少の場合も、縮減の限界(K)が近づけば、人口減少(マイナスの増加)は徐々に小さくなり0に近づき、理論上、人口は最小レベルの人口規模で安定(停滞)する。ただ、Kが0人の場合は、最後の1人が小数になったところで人口は消滅するとみなすべきだろう。たとえば、300年で人口がピーク時の1%を切る場合に、最後の1人が小数以下となるには3000年ほどかかる。しかも、最後の1000年ぐらいは1人を微かに上回るだけなので、整数にこだわるのは馬鹿げている。また、実際には一定の限界を超えれば、人口は腰折れ的に激減し消滅することが知られている。人類学などの知見によれば、ホモ・サピエンスの場合も、集団の規模が500人を切ると再生産がむずかしくなるといわれている。

このような絵に描いたような成長(ロジスティック)曲線は、生物学の世界でも限られた条件(閉鎖環境内で単一種のみなど)でしか観察されない。また成長限界(K)は環境限界とも呼ばれ、生態環境や食物連鎖(他の生物との関係)に変化があれば変動する。さらに、ホモ・サピエンスの場合は、自ら自然環境に働き掛け、社会的生産を増加させることができるため、成長限界は固定されていない。なお、このモデルでは時間の経過とともに人口は成長限界に漸近して停滞するが、環境への適応に遅れ(タイムラグ)が発生すると、人口は成長の限界を超えて増加する(オーバーシュートする)こともありうる。その場合、生態環境が破壊されたり、社会的生産や社会システムの適応が遅れ崩壊すれば、人口は激減し、そのまま消滅することも考えられる。そのようなことは、生物進化の長い歴史の中では繰り返し起きてきたことであり、ホモ・サピエンスも含め、種の絶滅は、人の死と同様、不可避なものと考えるべきだろう。シリアル・キラーとしてのホモ・サピエンスがいなかったとしても多くの種が絶滅する一方、時間とともに他の種と入れ替わってゆくことは避けられない。

持続可能な人口の原理

ホモ・サピエンスの人口は1万2千年前の500万〜1千万人から2022年現在の80億人まで800倍(平均増加率約0・06%)に増加した。この過程を全体として俯瞰すれば人口は、過去、一貫して指数関数的に増加してきたことがわかる。しかし、その平均増加率は狩猟採集社会の年率0・04%から農耕社会の年率0・29%へ、さらに産業革命を経て1750〜1900年頃には0・51%〜0・98%に上昇している。このような人口増加率の上昇は連続的なものではなく、社会的生産の方式が狩猟採集から農耕へ、農耕から産業生産へと移行するごとに、成長限界(K)が飛躍的に上昇したことによると思われ、多段階の成長(ロジスティック)曲線を描きながら進んできたものと考えられる。さらにこの過程を時間的・地域的に細かく分解すれば、無数の成長曲線が連なったものであり、無数の人口の成長と衰退の波が合成されて一つの連続した波として、今日まで持続してきたと考えることができる。しかし20世紀に入り人口増加率が年率1%を超えた頃から、人口増加のスピードが速まり1960年代から70年代にかけては年率2%を超え、人口が爆発的に増加し、その規模は20億人から、今日の80億人へと4倍に膨れ上がった。この急激な増加は年率2%のダブリングタイム35年×2にほぼ対応していると思われる。このような高い人口増加率がさらに長期に続けば、人口は成長限界を超え、社会的生産の基盤が崩壊し消滅に向かうしかない。

つまり、指数関数的増加においては人口増加率が0％から2％以上乖離すれば、人口は数世代のうちに持続可能性の危機に直面すると考えてよい。逆にいえば、そのような乖離を数世代以内に解消し、定常状態を回復した人口のみが今日まで持続してきたと考えるべきだろう。また同様の原理は人口が減少する場合にも成り立つといえる。

このような人口の持続可能性に着目すれば、マルサスの「人口の原理 the principle of the population」を、彼に習って「持続可能な人口の原理 the principle of the sustainable population」として再定義することができる。それは、次のようなものとなる。

私は三つの公準（ポスチュラータ）を置くことが当然ゆるされると考える。

第一、人の寿命には限界がある。（死亡率は0‰にはならない）

第二、人が一生の間に持てる子どもの数には限界がある。（出生率には上限がある）

第三、人口の成長または縮減には限界がある。ただし限界は事後的にしか決まらない。

この三つの条件のもとで、人口は制限されなければ、指数関数的に増大・減少するが、その成長・縮減には限界がある。限界に適応すれば成長・縮減は均衡状態に入るが、超えれば消滅に向かう。

それゆえ所与の平均寿命のもとで出生力が置換水準を上回る状態が数世代も続けば、人口は爆発的に増大し、持続可能性を失い消滅する。また所与の平均寿命のもとで出生力が置換水準を下回る状態が数世代も続けば人口は爆縮し、持続可能性を失い消滅する。すみやかに出生率と死亡率の乖離を解消し、定常状態である０％に近いプラスの人口増加率を回復する人口のみが持続可能性を持つ。

いずれ人類は消滅する。その日が来ることは避けられない。そうであるとしても、先行した他の人類も含めれば７００万年前から、ホモ・サピエンスについては20万年前に他の人類から分岐し、６万年前にアフリカを出て、旧大陸にいた他の人類を駆逐しながら世界中に広がったのだという。そうであるとすれば、我々の時代にその持続可能性が失われるようなことがあってはならないだろう。

第3章　多産多死から少産少死へ

1　第一と第二の人口転換

多産多死から少産少死へ

マルサスが『人口の原理』を書いた１７９８年当時のイギリスは、産業革命が始まって間もない頃であり、粗出生率（CBR）は30‰以上、粗死亡率（CDR）は20‰以上もあった。そこでは、毎年、人口１０００人あたり30人以上の子どもが生まれ、20人以上の人が亡くなっていたことになる。これに対し国連の新推計（UNWPP22）では、２０２２年現在のイギリスの粗出生率は10・0‰、粗死亡率は9・1‰と推計されている。毎年、人口１０００人あたり約10人の子どもが生まれ、9・1人の人が亡くなる。つまり、過去２００年余りの間にイギリスは、毎年、多くの子どもが生まれると同時に多くの人々が亡くなる多産多死の社会から、少しの子どもしか生まれないが同時に少しの人々しか亡くならない少産少死の社会へと、人口動態のモードが転換したといえる。同様のことは日本でも起きている。1873年(明治6年)の粗出生率は23・1‰、粗死亡率18・9‰だったが、同じ国連の新推計によれば、2022年の日本の粗出生率は6・6‰、粗死亡率は12・7‰と推計されている。多産多死から少産少死への転換という点ではイギリスと同じだが、日本の場合は粗出生率の方が粗死亡率より低く、その差はマイナス6・1‰とマイナスであり、死亡数が出生数を上回る自然減が始まっている。

人口転換理論は、このような多産多死から少産少死へと向かう歴史的な変化に着目し、粗出生率と粗死亡率の動きと、その差分としての人口増加率や人口規模の変化を模式図の形で理論化したものである。

第一の人口転換理論

日本語の「人口転換」は英語の Demographic Transition の訳語で、文字通りなら「人口学的遷移(移り変わり)」という意味なのでドイツ語でも Demografischer Übergang(遷移とか移り変わり)と呼ばれている。しかし、出生・死亡モードが、高出生率・高死亡率⇓高出生率・中死亡率⇓中出生率・低死亡率⇓低出生率・低死亡率へと転換されていくという意味では、日本語の「人口転換」の方がわかりやすいのかも知れない。

人口転換理論は、人口学の世界では数少ないグランド・セオリー（大理論）として知られているが、18世紀後半の産業革命を契機に起きた、近代的な経済発展、都市化、工業化などの過程で出生・死亡モードが多産多死から少産少死へとシフトしたという、欧米の歴史的経験をもとに、20世紀前半になってから複数の学者が理論化しようとしたものであり、後付けの感は免れず、理論というよりは単に経験的事実をモデル化したに過ぎないともいえる。１９２９年にウォーレン・トンプソン（Warren Thompson）が提唱し１９４５年にフランク・ノートシュタイン（Frank W. Notestein）が命名したとされている（河野 2007）。

この人口転換理論では、前産業社会の多産多死から脱産業社会の少産少死へと向かう歴史的プロセスを四つのステージ：Ⅰ高動揺期（多産・多死）⇒Ⅱ初期膨張期（多産・中死）⇒Ⅲ後期膨張期（中産・少死）⇒Ⅳ低動揺期（少産・少死）に分けて記述している（図3-1）。

Ⅰ　高動揺期（多産・多死）

マルサスの人口に対する制限（check）のうち「予防的（preventive）制限」としては社会的・経済的・文化的規制による節制・晩婚など、「積極的（positive）制限」としては、飢饉、戦争、疫病などが強く作用していた。粗出生率・粗死亡率とも40‰前後の高い水準にあったが、出生率と死亡率の差はほとんどなく、人口増加率はほぼ０％であり、人口は停滞していた。人口

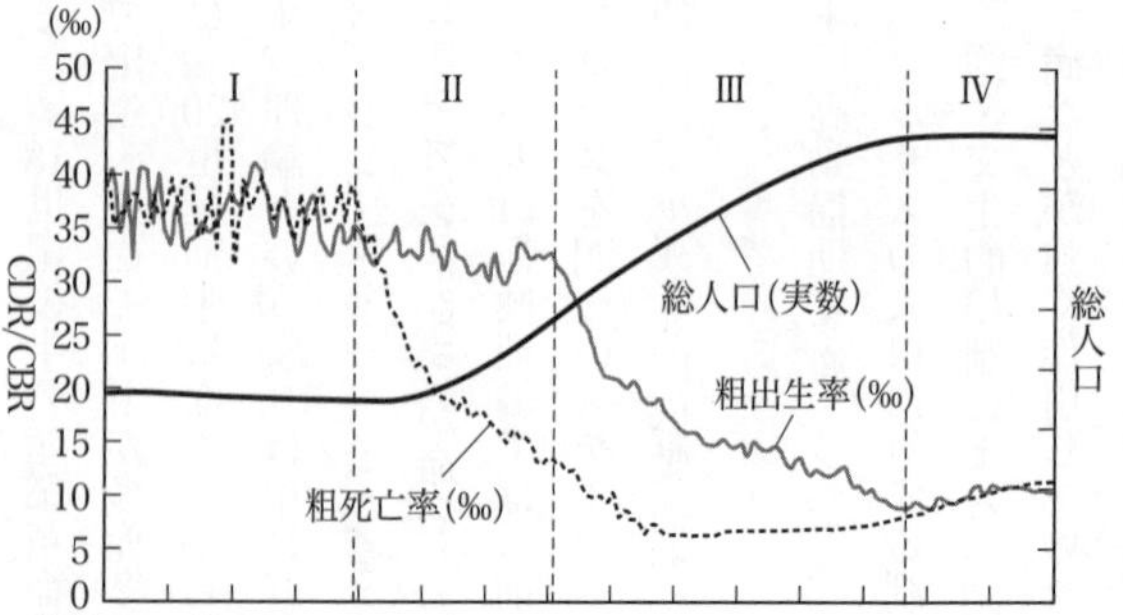

資料：Hara(2020)

図3-1　第1の人口転換(FDT)のモデル

は増加しないが、戦争やパンデミックなどのイベントにより激しく動揺し不安定な状態にあった。

Ⅱ　初期膨脹期（多産・中死）

このステージでは死亡率の低下が始まるが、出生率は依然高いままであり、その差が徐々に開き人口増加率が上昇する。その結果、出生数が死亡数を大きく上回るようになり、人口は急速に増加してゆく。

Ⅲ　後期膨脹期（中産・少死）

このステージでは出生率も急速に低下してゆくが、他方、死亡率は下げ止まり始め、両者の差は徐々に縮小してゆく。そのため人口増加率も低下し、第二ステージより人口増加が緩やかになってゆく。

Ⅳ　低動揺期（少産・少死）

このステージでは粗出生率も粗死亡率もともに10‰前後まで低下し両者の差はわずかとなり、人口増加率は0%に漸近してゆく。人口増加は止まり人口規模は高い水準で安定化する。

人口転換の歴史的なタイミングやスピードは国や地域によって異なるが、多産多死から少産少死へと向かうプロセスには共通性がある。また人口転換の過程で、人口成長率はほぼ0%の状態から最大2%前後まで上昇し、その後、下降に転じ再び0%の定常状態に収束してゆく。このため人口は典型的な成長(ロジスティック)曲線を描く(図2-13)。

この人口転換理論は20世紀前半までの歴史的経験に基づくものであり、そのためⅣ低動揺期(少産・少死)までしか記述されていない。しかし、その後、先進国を中心に第二の人口転換ともいうべき新しい状況が生まれた。その結果、現在では、この人口転換を第二の人口転換に先行するという意味で、第一の人口転換(The First Demographic Transition, FDT)または古典的な人口転換(Classical Demographic Transition, CDT)と呼ぶようになった。さらに近年は、この人口転換に、出生率と死亡率が逆転し人口減少が始まるⅤ(人口減少期)を追加し、Ⅴのステージを、人口転換の後という意味でポスト人口転換期と呼ぶこともある(佐藤・金子 2016)。

第二の人口転換理論

1986年にヴァン・デ・カー(Van de Kaa)とレスタギ(Lesthaeghe)が、次のような第二の人口転換理論(The Second Demographic Transition, SDT)を提唱した。

先進工業国は、人口動態の発展において新たなステージに到達した。この新しいステージは、出生力に対する完全なコントロールを特徴とする。そして、1人または2人以上の子どもを持つことに対する動機に欠けるカップルが登場するようになり、出生力は置換水準を下回るようになった。現在、観測されている非常に低い出生力には、出生の先送りという要素もあるのかも知れないが、今後も世代交代に必要とされる置換水準を下回る出生力に留まり続けることが予想される。その結果、新たな人口学的不均衡が生じるだろう(Van de Kaa 2002)。

ここでいう新たな人口学的不均衡とは、日本が現在経験しているように、出生率と死亡率が逆転し、人口成長率がマイナスに留まる長期の人口減少を意味する。さらにここでは言及していないが、国際人口移動が、第一の人口転換期では転出超過であったのに対し、第二の人口転換期では転入超過に向かうことも予想している。

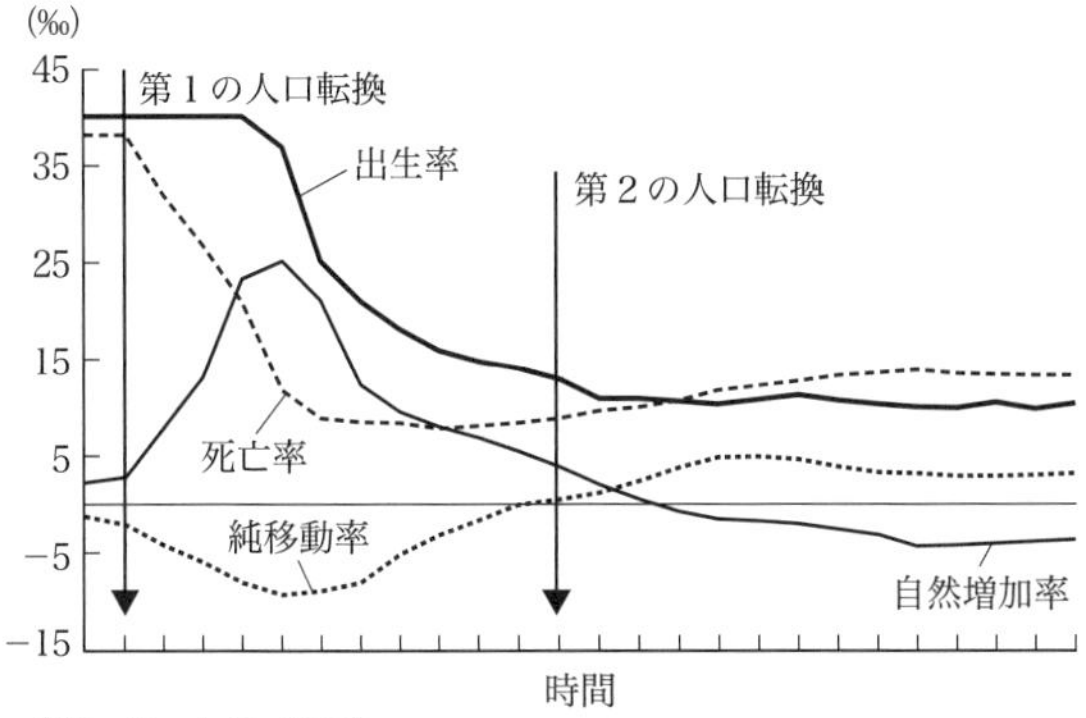

資料：Van de Kaa（2002）

図 3-2　第１と第２の人口転換モデル

彼らは、そのプロセスを二つの連続した人口転換の過程として説明した（図３-２）。このモデルの前半は第一の人口転換（FDT/CDT）を、後半は、第二の人口転換（SDT）を示している。第一の人口転換（FDT/CDT）では前産業社会の多産多死から脱産業社会の少産少死へと向かうため、人口動態のモードが高出生率・高死亡率⇓高出生率・中死亡率⇓中出生率・低死亡率⇓低出生率・低死亡率へと転換してゆく。その間、人口成長率は低⇓高⇓低と推移し、急激な人口増加が起きるが徐々に収束してゆく。しかし、第二の人口転換（SDT）では、出生力が置換水準を下回るようになり、その結果、出生率は非常に低い水準に留まり続ける。その一方、平均寿命の延伸により人口の高齢化が進み、死亡率は緩やかに上昇し始める。その結果、出生率より死亡率の方が高くなり、人口増加率が０％を下回りマイナスに転じ人口減少が始まる。実は、出生率の低下により出生数が減少することにより、年齢構造を示す人口ピラミッドの裾野が狭くなるので、その分、さらに人口高齢化が進む。また再生産年齢の女性の人口も少なくなるので、さらに出生率が低下する。つまり、ヴァン・デ・カーとレスタギは、ポスト人口転換期に社会が直面する超少子高齢・人口減少の問題、「縮減する社会」(カウフマン2011/Hara 2014)の出現を予見していたといえる。

また、このモデルは、二つの時期の国際人口移動(転入出超過・純移動)の変化も含んでいる。第一の人口転換(FDT/CDT)では自然増加率の上昇を緩和する方向で海外への移民が増加する(純移動がマイナス)。第二の人口転換(SDT)では自然増加率の低下と人口減少を緩和する方向で海外から移民が増加する(純移動がプラス)。このことは、今後の世界人口や日本の人口の動向を考える上で、自然動態と国際人口移動の関係がキーとなることを示唆しているといえよう。

2　日本の人口転換

日本の人口動態(1950〜2020年)

第一・第二の人口転換が、なぜ、どのように起きるのかについては、人口学はもとより、社会学、経済学など様々な分野にわたり多くの議論があるが、今までのところ誰もが納得する定

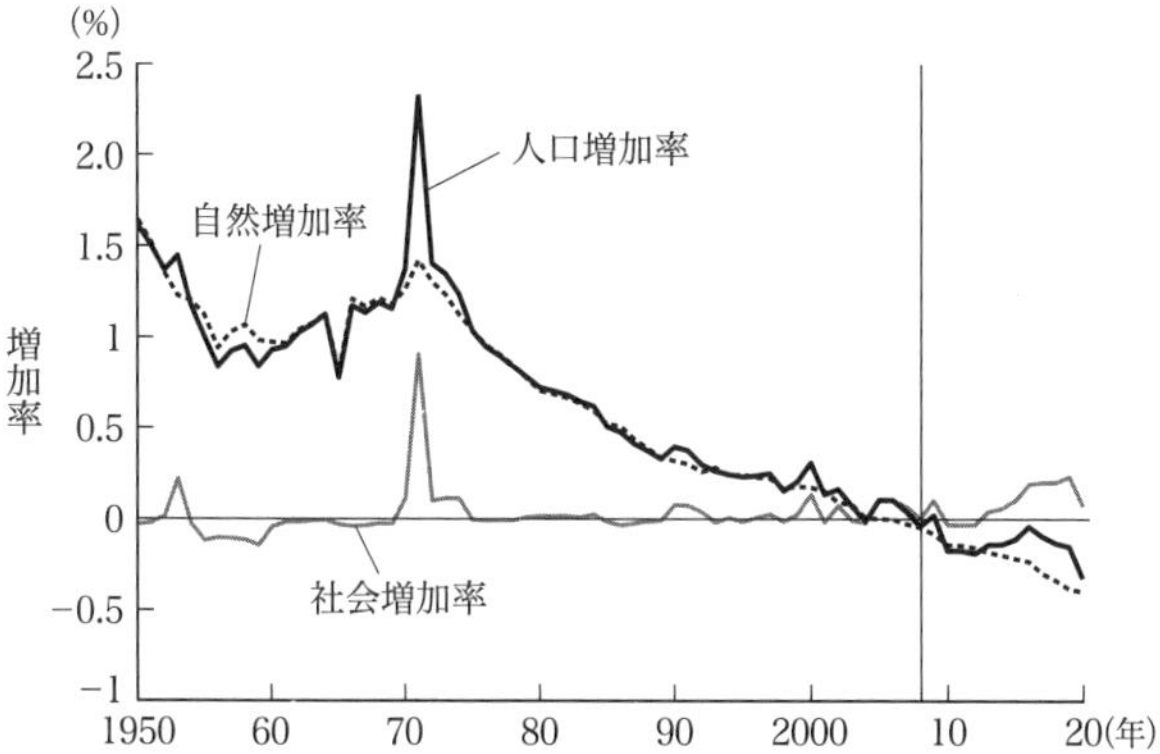

資料：国立社会保障・人口問題研究所(2022)

図 3-3　日本の人口動態(1950〜2020 年)

説はなく、未だにその普遍性や法則性について懐疑的な専門家も少なくない。しかし、少子高齢化が進み、すでに今世紀末まで続くと予想される長期の人口減少期に入った日本が、まさにその典型を示していることは間違いない。

戦後の1950年から直近の2020年までの日本の人口増加(率)は、出生と死亡の差分としての自然増加(率)が中心であり、両者はほぼ重なって推移してきた(図3-3)。そして、この自然増加(率)が2007年以降、マイナスに転じたことにより、日本は長期の人口減少期に入っている。

これに対し国際人口移動における転入と転出の差分、すなわち純移動数(率)としての社会増加(率)が、日本の人口増加(率)に与える影響は、従来、極めて小さく、例外は1972年の沖縄返還時のみであった。しかし、人口減少の始まりとと

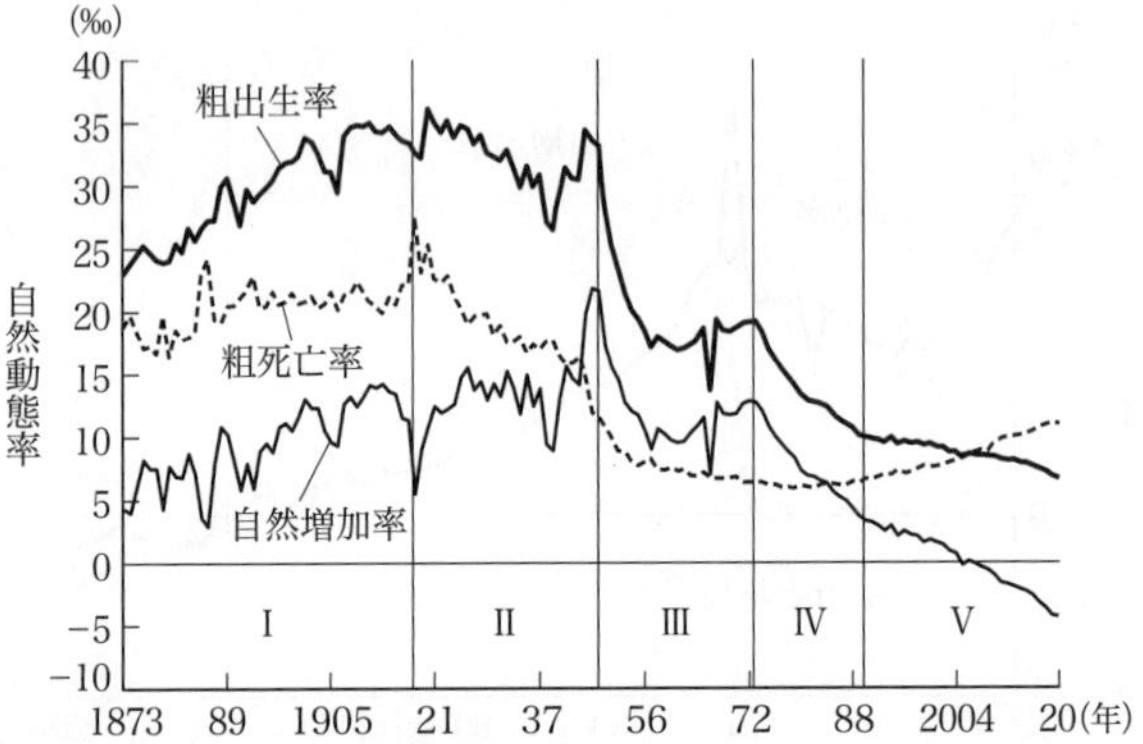

資料：国立社会保障・人口問題研究所(2022)
注：人口転換のステージ区分は著者による．また戦争等による中断は割愛している

図 3-4　日本の人口動態(1873〜2020 年)

もに2012年頃から国際人口移動(率)が徐々に増加し始め、わずかながらも人口減少を緩和する形となっている。

日本の人口動態(1873〜2020年)

この変化を1873年から2020年までの長期の自然動態(粗出生率・粗死亡率・自然増加率)でみると、多産多死から少産少死へと向かう「第一の人口転換」の四つのステージと、その後を受け、さらに少子高齢化が進み、再生産年齢の女性人口の減少と死亡リスクの高い高齢人口の増加から粗出生率と粗死亡率が逆転し、自然増加率がマイナスに転じる「第二の人口転換」が起きたことが確認できる(図3-4)。ただし、図中の「第一の人口転換」の四つのステージの区分は著者によるものであり、歴史的背景を踏まえ厳密な検討を行ったものではない。また「第二の人口転換」は、単に五つ目(Ⅴ)のステージとして区分したものであり、その区切りは1980年代後半からとし人口減少の始まりを含むものとした。したがって粗出生率・粗死亡率の変化やそのタイミングは必ずしも元のモデル(図3-1/3-2)とは一致しない。しかし、第一の人口転換理論も第二の人口転換理論も、基本的には欧米の歴史的経験を後追いでモデル化したものに過ぎないとすれば、日本の歴史的経験が元のモデルと完全に一致する必要はないと思う。

この日本のⅠ高動揺期(多産・多死)では粗死亡率は20‰と元のモデルの40‰よりはるかに低く、比較的安定しているが、粗出生率の方は25‰から35‰へと上昇している。元のモデルのⅠ高動揺期(多産・多死)は産業化以前の状態を想定しているが、日本では幕末から明治・大正にかけて、欧米の知識・技術を積極的に取り入れることで急速に近代化が進んだこともあり、すでに年率1%(図中の自然動態率10‰)を越える人口増加率となり、人口成長が始まっていた。Ⅱ初期膨脹期(多産・中死)は、昭和に入り死亡率の低下が急速に進む一方、やや遅れて出生率も低下、人口増加率は1.2~1.5%で推移している。また出生率は戦後のベビーブームで再び35‰近くまで上昇したが、これは戦争により先送りされた出生の取り戻しと解釈すべきだろう。Ⅲ後期膨脹期(中産・少死)は、優生保護法の成立(1948年)により人工妊娠中絶の自由化が進む一方、政府の計画出産の奨励などを通じ粗出生率が急減して20‰を切る一方、粗死亡率も8

‰まで低下している。しかし、人口増加率は依然1%(10‰)水準をキープしており、高度経済成長とともに急速な人口増加が続いた。つづく1970年代以降から1980年代前半をⅣ低動揺期(少産・少死)とした。この時期、粗出生率のさらなる低下が進み10‰に近づく一方、粗死亡率は8‰で停滞している。ただし1970年代後半からは合計出生率が置換水準を下回っており、その点については第二の人口転換期に入っているともいえる。これに続くVポスト人口転換期(少産・多死・人口減少)では粗出生率の低下がさらに進み8‰に近づく一方、粗死亡率は人口高齢化の影響から増加に転じ12‰まで上昇。粗死亡率が粗出生率を上回り人口増加率がマイナスになり、長期の人口減少が始まる。年々増加する死亡数を反映し、近年では「多死」という言葉も普通に使われるようになった。

平均寿命の延伸と出生力低下の因果関係

このような自然動態の長期的変化は、日本の人口転換の過程を如実に示すものではあるが、その指標となる粗出生率・粗死亡率・自然増加率はいずれも年齢構造の影響を強く受けるため、人口転換の動因としての出生力(結婚・出生行動)や平均寿命(ライフコース)の変化をそのまま示すものではない。そこで、この日本の人口転換過程を、年齢構造の直接的影響を受けない、平均寿命、再生産期間(15〜49歳)末の生残率(以下、50歳時生残率)、置換水準の合計出生率(純再生

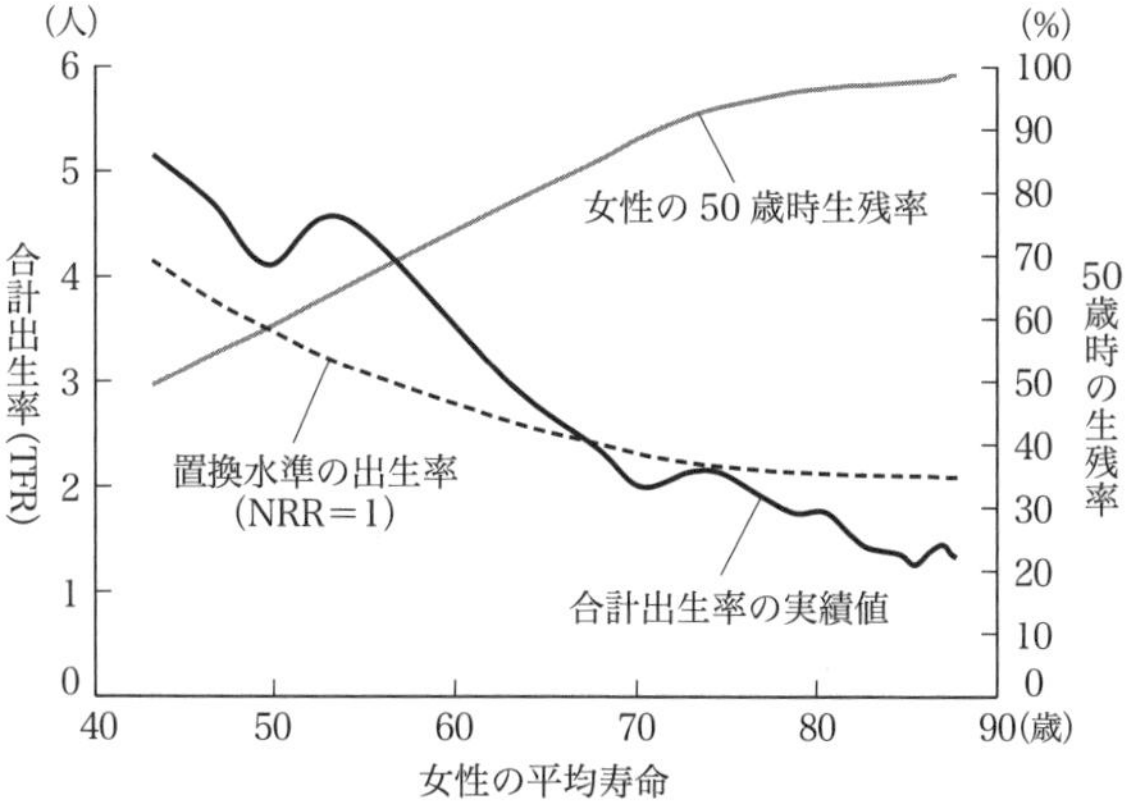

資料：女性の平均寿命及び 50 歳時生残率は完全生命表(明治 24 年〜平成 12 年)総務省統計局監修(2006)，国立社会保障・人口問題研究所(2022)など
注：純再生率(NRR＝1)に対応する出生力は，1÷(50 歳時生残率×女児割合)により算出．ただし，女児割合は出生性比＝105 として 0.4878 とした

図 3-5　平均寿命の延伸と出生力低下の因果関係(日本)

産率NRR＝1に対応）、実際の合計出生率（TFR）の推移で整理する（第1章の人口学的方程式の項を参照）と、平均寿命の延伸と出生力の低下の間に明らかな因果関係があることが理解できる（図3-5）。

図の横軸は日本女性の平均寿命を示している。第1回生命表（明治24～31年、1891～1898年）によれば、当時の日本女性の平均寿命は44・3歳であった。この生命表で50歳時生残率（右軸）を求めると、その値は49・4％であり、この当時は生まれた女児の約半数が再生産期間末までに亡くなっていたことになる。この50歳時生残率から人口再生産に必要となる置換水準の合計出生率を求めると4・02人（左軸）となる。これは生まれてくる女児の半数が再生産せず亡くなるため、最終的な再生産の値2・05人(出生性比=105)を実現するには、その倍の出生数が必要であったことを意味する。しかし、人口が増加していたことからも、当時の実際の合計出生率は置換水準の4・02人より高く5・16人(1925年の値)ぐらいあったと推察される。

日本女性の平均寿命はこの44・3歳から87・5歳(2020年の値)まで、130年程の間にほぼ2倍に延伸してきた。この間の平均寿命の値から50歳時生残率を求め、そこから置換水準の合計出生率を計算し、実際の合計出生率の歴史的変化と比較することができる。ただし、すべてのデータが揃っているわけでなく、欠落部分については連続的な変化があったものとして作図している(図3-5)。

この図から読み取れるように、日本の「第一の人口転換」は、明治以降の近代化を契機に社会資本の蓄積が進み、女性の平均寿命が延伸し、再生産期間の生残率が50%から100%に近づいていったことにより、人口置換水準の子ども数が4人から2人まで低下した。このため多産多子(希望する以上に子沢山となる)のリスクが高まり、最終的に成人まで無事に生き残る子どもの数が平均で2子となる方向へと出生抑制(バースコントロール)が進んだと考えられる。つまり、女性の平均寿命が短い時代には、生まれた子どもの半数近くが成人するまでに死亡してしまうため、女性は、その分、多くの子どもを産まなければならなかったが、その一方、子どもの数を希望する範囲に産み納めるのに必要な出生抑制は女性の自由にはならず、その結果、実際の合計出生率は置換水準より常に高い水準となったと思われる。しかしながら、実際の合計出生率は置換水準の合計出生率を追うように低下し、両者の乖離は徐々に小さくなっていった。このことからも出生抑制に対する女性の自由が徐々に拡大していったと考えられる。逆に、明治以降の家父長制の強化やいわゆる「産めよ増やせよ」的な戦前の出生政策によっても、この流れを止めることはできなかったといえる。

一方、第14回の生命表(昭和50年、1975年)では、女性の平均寿命は76・9歳まで延伸し、再生産期間(15〜49歳)末の生残率も94・5%に達した。このため人口再生産に必要となる置換水準の合計出生率(純再生産率 NRR=1 に対応)も2・16人まで低下している。しかし、この時点の実際の合計出生率は1・91人と、すでに置換水準を切っていた。そして、それ以降、平均寿命の延伸とともに置換水準の合計出生率は限りなく2・05に漸近していく一方、実際の合計出生率は低下が続いている。この1970年代半ば以降の動きは「第一の人口転換」の後のポスト人口転換期に対応するものであり、後述するように晩婚晩産化という別の要因が関係していることを示唆している。

このような出生行動の変化は、女性の出生年別の平均出生児数でも確認できる(図3-6)。明治23〜28(1890〜95)年生まれの有配偶女性の平均出生児数は4・8人であり、この高い水

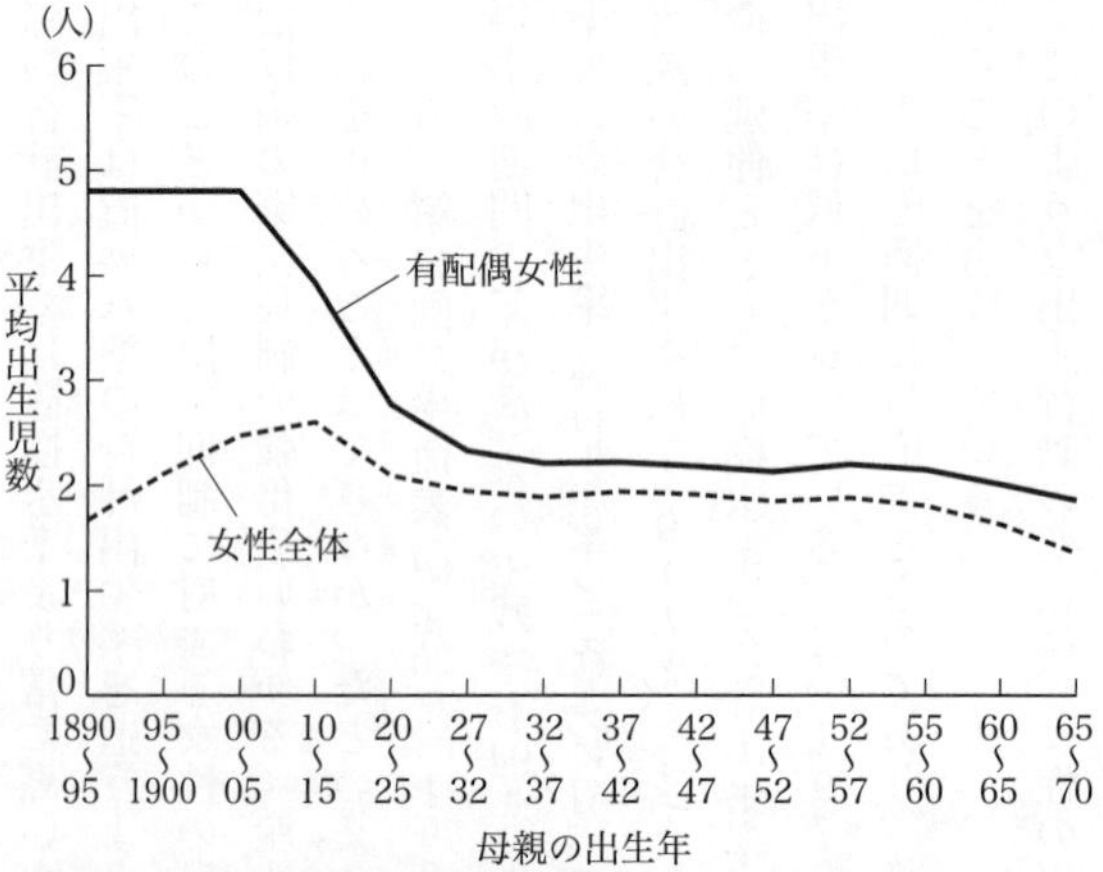

資料：国立社会保障・人口問題研究所(2022)
注：有配偶女性の平均出生児数は資料による．女性全体の平均出生児数は出生児数別割合からの推計値(著者)

図 3-6　平均出生児数の推移

準は明治33～38（1900～05）年生まれまで変わらなかったが、明治43から大正4（1910～15）年生まれあたりから減少が始まり、昭和12～17（1937～42）年生まれでは平均出生児数は2・2人まで低下している。ちなみにこの世代の平均初婚年齢が24歳程度であったとすれば、子どもを生んだ時期は1960年代であり、1960年頃の合計出生率の水準とも一致している。その後、昭和35～40（1960～65）年生まれまではほぼ2人を上回る水準で推移したが、最新の昭和40～45（1965～70）年生まれの有配偶女性では平均出生児数が1・86人と置換水準を下回っている。この世代ではすでに平均初婚年齢が30歳に近づいているので、子どもを生んだ時期は２０００年前後と思われる。つまり、有配偶の女性については１９６０年代前半生まれまでは置換水準を維持していたが、１９６０年代後半生まれから有配偶の女性でも置換水準以下の低出生率となっていることがわかる。

一方、未婚女性も含めた女性全体の平均出生児数の推移をみると、明治23〜28（１８９０〜９５）年生まれの女性の平均出生児数は、有配偶女性の４・８人に対し、１・６８人と少ない。この数は大正生まれの女性のあたりで２・６人まで増加するが、その後、また減少し、昭和生まれ以降は２人をわずかに下回る水準で推移し、１９５５年生まれ以降では有配偶の女性より早いペースで減少している。つまり、女性の平均出生児数は有配偶女性の出生行動に、結婚行動の影響が加わったものであり、未婚者の増加がその水準に大きく作用するものであることがわかる。

さらに、このような出生行動や結婚行動の変化を、女性（未婚も含めた）の出生児数別割合（図3-7）でみると、明治生まれの女性では４子以上の割合が60％余りもある一方、無子割合（生涯未婚＋有配偶無子）も９％から11・３％と高い。また現在では標準的なタイプである２子は７から８％程度であり、無子よりも少ない。ちなみにもっとも多いのは６子であったといわれている。有配偶女性の平均出生児数が２・２人まで低下した昭和12〜17（１９３７〜４２）年生まれでは４子以上の割合は５・７％と１子の10・７％よりも低い。この世代は皆婚に近く無子割合も３・６

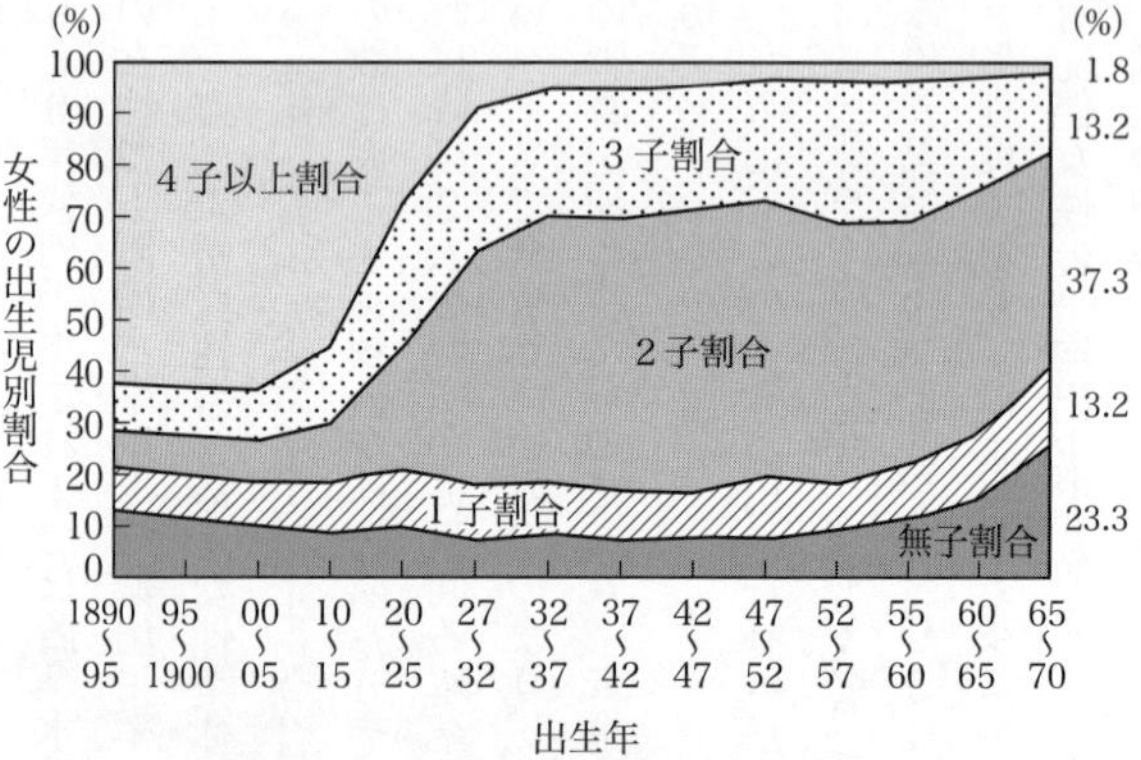

資料：国立社会保障・人口問題研究所(2022)
注：女性の出生児数別割合：有配偶女性の出生児数別割合からの推計値(著者)

図3-7　女性の出生児数別割合

%まで低下している。これに対し、1950年代生まれ以降の世代では無子割合や1子割合が急速に増加する一方、2子、3子の割合が低下し始め、有配偶女性の平均出生児数が1・86人と、置換水準を下回った昭和40〜45(1965〜70)年生まれの女性では無子割合が23・3%(うち生涯未婚16・1%)、1子割合が13・2%となり、女性の36・5%が再生産しない状況が生じている。また3子割合13・2%、4子以上割合は1・8%と、再生産に必要とされる2人より子どもが多い女性は明らかに少数派となっている。

晩婚晩産化と非婚無子化

1950年代生まれ以降の世代で無子割合や1子割合が急速に増加した背景には、1970

年代後半から始まった晩婚晩産化の影響がある。

女性の平均初婚年齢は1960年代から1970年代前半までは概ね24歳で安定的に推移していた。当時、24歳は女性の結婚適齢期とされ、24歳までに結婚しない女性は売れ残る（クリスマスケーキにたとえて）といわれていた。しかし1970年代後半から平均初婚年齢の上昇が始まり、2020年の平均初婚年齢は29・4歳となっている。つまり45年ほどの間に結婚のタイミングが24歳から30歳へと6歳シフトしたといえる。この晩婚化は同時に晩産化をともなうものであり、第1子平均出生年齢も1975年の25・7歳から2020年の30・3歳まで上昇している。

いわゆる生涯未婚率（50歳時未婚割合）は再生産期間とされる15歳から49歳までの間を未婚に留まる女性の割合を示す。この割合は再生産期間の年齢別初婚率の累積合計（合計初婚率）を全体の100％から引いた値にほぼ近似する。このため晩婚化が進むと、同年齢で結婚している人（有配偶女性）の増加が遅れる一方、結婚していない人（未婚女性）の減少が遅れる。そのため生涯未婚率が高まることになる。同様に無子割合は再生産期間の15歳から49歳までの間に子どもを持たない人の割合をいうが、この割合は再生産期間の年齢別第1子出生率の累積合計（第1子出生割合）を全体の100％から引いた値にほぼ近似する。このため晩産化が進むと、同年齢で子どもを持つ人（有子女性）の増加が遅れる一方、子どもを持たない人（無子女性）の減少が遅れ

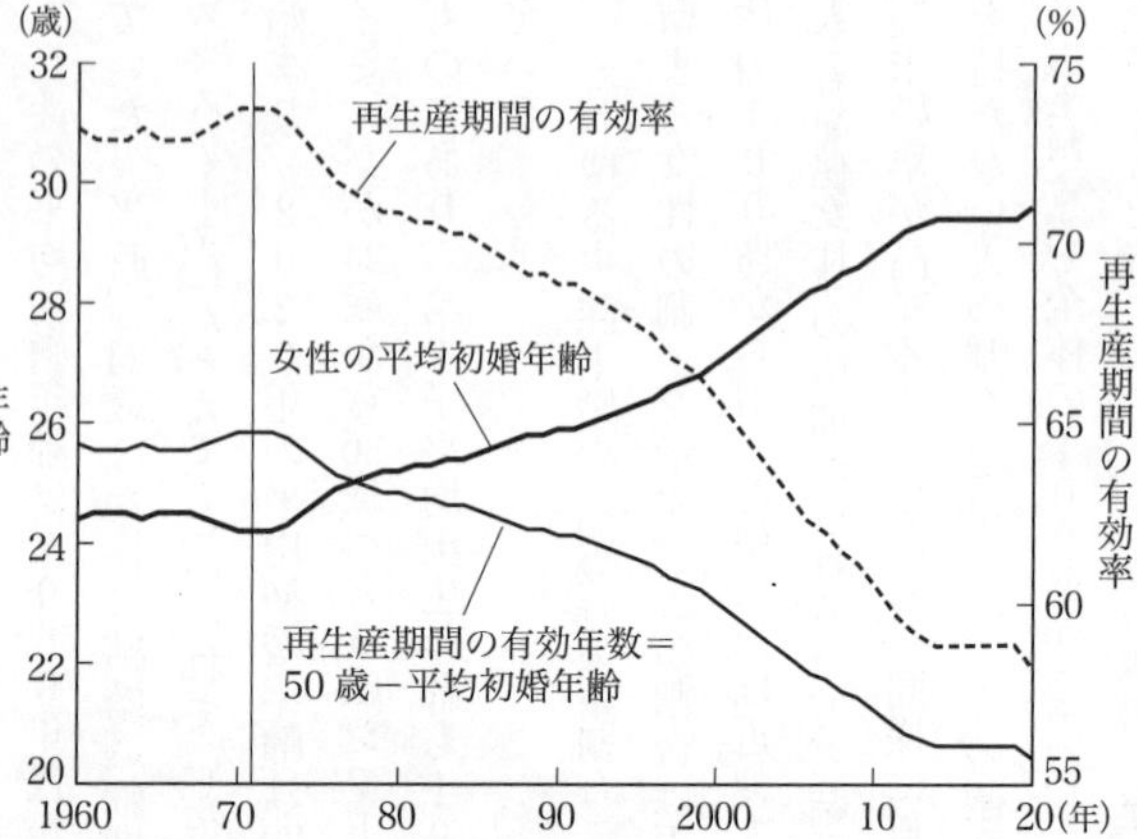

資料：国立社会保障・人口問題研究所(2022)
注：再生産期間の有効率＝(50歳－平均初婚年齢)÷35年(%)にて算定(著者)

図3-8　平均初婚年齢と再生産期間の有効性

る。そのため無子割合が高まることになる。

また日本の場合、欧米とは異なり非婚のまま同棲し子どもを持つ人は希であり、婚外出生割合は1975年の0・80%から2020年の2・38%まで少しずつ増加しているものの、依然として、結婚と出生はワンセットの関係にある。このため女性の無子割合の半分以上は生涯未婚によるものとなっている。

つまり、日本では晩婚晩産化による家族形成のタイミングの遅れから、生涯未婚と無子が増えているといえる。ついでにいえば、1子目の出生タイミングが遅れれば2子、3子、4子も玉突き状に遅れるので、3子以上の多子家族は急速に減少し消滅していく。

なぜ、晩婚晩産化が進むと合計出生率が置換水準の2・1人以下となるのかについては、さらにわかりやすい説明が可能である（図3-8）。

すでに述べたように、日本では1960年代から1970年代前半までは女性の平均初婚年齢（左の軸）は概ね24歳で安定しており、この時点では合計出生率は概ね置換水準の2・1人を示していた。女性の再生産期間を15歳から49歳までの35年間とすると、24歳で結婚し再生産に利用できる有効期間は24歳から49歳までの26年間であり（左の軸）、女性の再生産期間に占める割合は74・3％となる（右の軸）。逆に考えれば置換水準の2・1人を産むには24歳までに結婚し再生産期間の74・3％を有効活用する必要があった。しかし、その後、平均初婚年齢が24歳から30歳へとシフトしてゆく。その結果、平均的な女性が再生産に利用できる有効期間は26年間から20年間に短縮され、再生産期間の有効率は74・3％から57・1％に低下した。再生産期間の有効率が74・3％の時の合計出生率を置換水準の2・1とすれば、30歳へとシフトした時の有効率57・1％は元の値の77・2％なので、合計出生率は2.1×0.772＝1.62まで低下すると考えてよい。2020年の合計出生率は1・33と、この値より更に低く、これ以外の要因も作用している可能性はあるが、このような再生産に利用できる有効期間の短縮効果には原理的な必然性があり、なぜ晩婚晩産化が進むと合計出生率が置換水準の2・1人以下となるのかを明確に示唆するものである。

ヴァン・デ・カーは第二の人口転換論において「1人または2人以上の子どもを持つことに

対する動機に欠けるカップルが登場するようになり、出生力は置換水準を下回るようになった。」(62頁参照)と述べている。彼は1960年代から70年代にかけて起きた脱産業社会の価値変化が置換水準を下回る出生力の原因と考えたが、日本の晩婚晩産化の始まりは1975年以降と遅く、しかも45年もの間、ほぼ毎年一定のペースで進んできたこと、その間、結婚と出生をワンセットとする家族形成規範自体には大きな変化がないことなどを踏まえれば、彼の価値変動説は少なくとも日本には当てはまらないといえる。また日本の晩婚晩産化を女性の就業と子育てにおける二律背反性(両立困難)や非正規労働の広がりによる格差の拡大など、様々な社会経済要因から説明しようとする試みがなされてきたが、いずれも、日本の場合、晩婚晩産化と非婚無子化が長期的かつ時系列的に一定の速度で進行してきたことと整合しない。むしろ、それらは晩婚晩産化の原因というよりも、晩婚晩産化に付随する現象ないしは晩婚晩産化から派生する現象と捉えた方がわかりやすい。

人口転換の統合モデル

このような日本の人口転換の歴史的事実をもとに、多産多死から少産少死に至る「第一の人口転換」と、出生力が置換水準以下となり少子高齢化から人口減少に至る「第二の人口転換」の統合モデルを考え、フローチャート化する(図3-9)と次のようなループ状の因果関係が想定

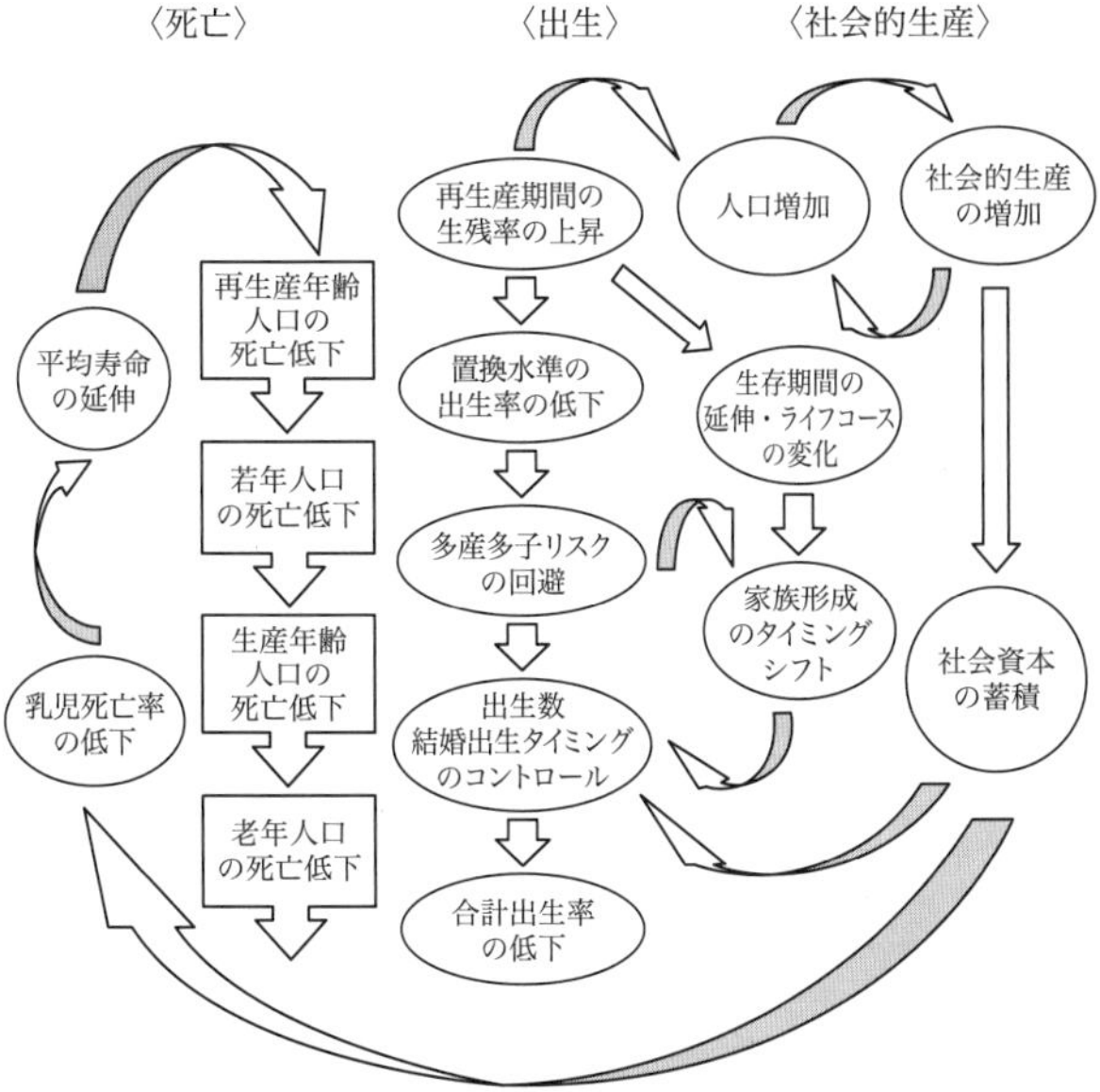

資料：Hara(2020)の図を翻訳

図 3-9　人口転換の統合モデル

できる。

【第一の人口転換】

①社会的生産が増加し社会資本の蓄積が進む

②平均寿命が延伸し、女性の再生産期間(15〜49歳)の生残率が上昇する

③出生力の置換水準が多子から2子に向け低下する

④多産多子リスクが上昇する

⑤同時に①から出生抑制の可能性(自由度)が高まる

⑥合計出生率が多子から2子に向け低下する

なお、この間、生産年齢人口（15〜64歳）が急速に増加し、社会資本の蓄積がさらに進み、その結果、社会的生産が増加する。社会が豊かになることにより、平均寿命の延伸が続き、出生力の置換水準がさらに低下するという好循環が続く。日本の場合は、この好循環が明治から大正、昭和へと続き、第二次世界大戦後も、戦後復興から1960〜1970年代半ばの高度成長期まで続いたといえる。なお、この好循環が何らかの事情で止まるか遅滞すると、この第一の人口転換のプロセスも停滞・遅延したり、あるいは逆行・挫折すると思われる。従来の研究では出生率と死亡率のいずれが先行するのか、出生率や死亡率、あるいは人口移動率の動向と、経済・産業発展、あるいは医療・科学技術の影響、社会規範の変化などの要因を、それぞれ個別に分析するか、多変量で分析しても、変数間の相互作用や循環的な作用（フィードバック効果）が十分に考慮されてこなかった。このため知見が安定せず、いずれも定説とはならなかったといえる。しかし、このモデルのように、主要な要因を人口学的要因と社会的生産に絞り、循環型のモデルを考えれば、内部変数のみで、このプロセスを、十分、説明できる。

【第二の人口転換】

① 平均寿命がさらに延伸することにより、再生産期間末の生残率が100％に近づく

② 結婚・出生タイミングが自由化⇓高年齢にシフト。平均初婚年齢・第1子平均出生年齢の上昇⇓再生産期間の有効性が低下
③ 非婚・無子・1子割合が増加する一方、4子以上の高順位の出生割合が0%に近づく
④ ②と③の帰結として出生力が置換水準を下回る
⑤ 年齢構造の変化(出生可能な年齢の女性人口の縮小と、死亡リスクの高い高齢人口の増加)
⑥ 出生数と死亡数の逆転⇓人口の自然減が始まる

なお、②結婚・出生タイミングの自由化がなぜ起きたのかという点について補足すれば、すでに第一の人口転換の帰結として、置換水準の子ども数2人を無事に産み育てることや、そのための出生抑制の可能性(自由度)も所与のものとなった段階では、その子ども2人を長期化するライフコースのどの時点で持つか、つまり結婚・出生のタイミングが追求されるようになり、そのための自由度も高まっていった。その一方、平均寿命=ライフコースの長期化により、教育期間や就業までの期間も延伸し、結婚・出生は生まれてくる子どもの将来はもとより、何よりも自分自身にとって重要なライフイベントとなった。このため最適なタイミングで納得のゆく相手に出会い、結婚し子どもを持つことが追求されるようになったと考えることができる。

しかし、個人にとって最適で自由な選択を追求する結果、結婚・出生のタイミングが遅延すれ

ば必然的に未婚期間が長くなり、その分、無子に留まる期間も長くなる。その結果、非婚・無子・1子割合が増加し、4子以上の多子割合が低下、出生力が置換水準を下回ることになる。無論、この結婚・出生のタイミングの遅れが様々な社会経済要因により発生することを否定するものではないが、どのような事情であれ、最適なタイミングを求める限り、理由の如何を問わず、遅延や遅延の効果が発生することは避けられない。

コンピュータ・シミュレーション

この人口転換の統合モデル(図3-9)を元に、システム・ダイナミックス(System Dynamics, SD)という手法を用いて、日本の人口転換モデル(Demographic Transition Model of Japan, DTMJ)というシミュレーション・モデルを開発した(Hara 2020)。DTMJは、年齢構造、出生力、再生産のタイミング、社会資本の蓄積、平均寿命、人口移動の六つのセクターから構成されている。しかし資源や環境などのセクターは組み込んでいないため、これら六つのセクターと、資源や環境との相互作用は扱っていない。また、このモデルは、初期設定以外には歴史的なデータを外挿する必要はなく、初期値などの少数の値を設定すれば、六つのセクター間の相互作用、すなわち内生変数のみで人口転換プロセスを描くことができる。DTMJの詳細は別書(Ibid.)にゆずるが、このモデルで、日本の明治時代初めの年齢構成、出生力水準、平均寿命、社会資本、人口移動などを設定し、0年から200年までのシミュレーションを行った結果、わかったことをまとめると以下のようになる。

①日本の人口転換は、年齢構造、出生力、再生産のタイミング、社会資本の蓄積、平均寿命、人口移動の六つの要因間の循環型相互作用のみで十分再現できる(図3-10)。

②人口転換の動因は社会資本の蓄積にあるが、技術革新などによる生産性の上昇がなくとも生産年齢人口の増加とともに進む。つまり、もっとも重要な社会資本は高度に組織化された生産年齢人口であるといえる。

③社会資本の蓄積のスピードが早いほど、人口転換のスピードも早くなり、逆に社会資本の成長が遅れれば、人口転換のタイミングも遅くなる。

④人口移動(移民)は、転入超過の場合には、人口増加を加速する一方、人口減少を遅らせる。転出超過の場合には、人口増加を遅らせる一方、人口減少を加速する。その効果は、生産年齢人口の移動の場合、社会資本や出生力、平均寿命に直ちに波及するためもっとも大きくなる。

⑤平均寿命の延伸は人口減少の始まりを遅らせる効果があるが、寿命の延伸が限界に近づくと、その分だけ、人口減少は急激になる。

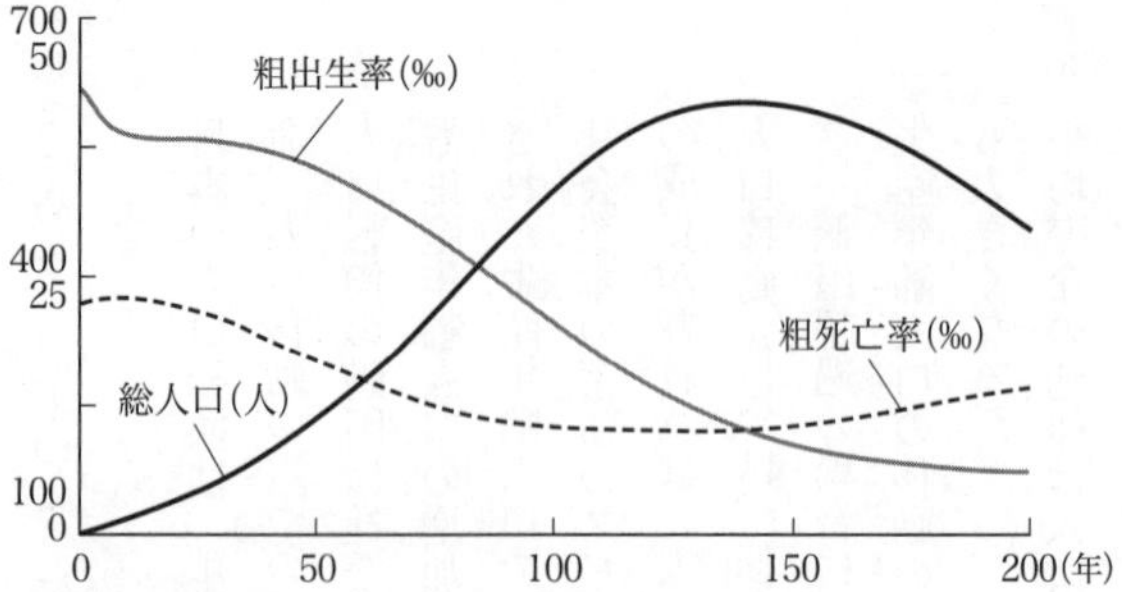

資料：Hara(2020)
注：単位は総人口(100〜700)，粗出生率・粗死亡率

図 3-10　日本の人口転換(DTMJ の標準設定)

なお、このシミュレーション結果に従えば、200年以降も少子高齢・人口減少は続くが、250年頃には少子高齢化(年齢構造の変化)は、年少人口割合10％、老年人口割合40％で安定化する。しかし、人口減少は指数関数的に進み、400年頃にはピーク時の7％となり、その後も0％へと漸近していく。逆にいえば人口減少を止めるには、合計出生率が置換水準まで上昇するような次の人口転換が起きるのを待つか、または、そのような人口転換を起こすしかない。

3　世界の人口転換

世界人口の人口転換

国連の新推計(UNWPP22)の数値を使い、日本の人口転換における平均寿命と出生力の関係を示す図(図3-5)と

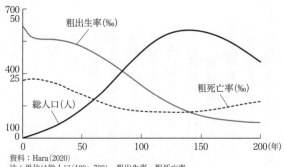

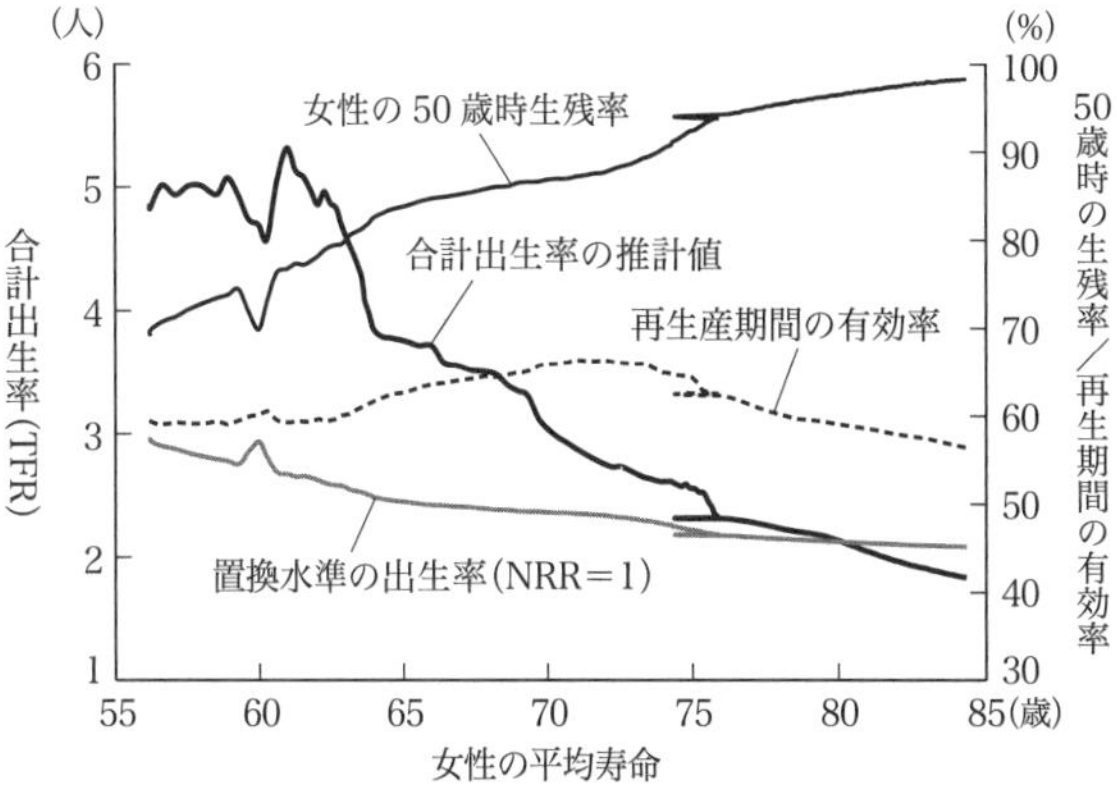

資料　United Nations (2022a) より作図．中位推計
注：女性の50歳時生残率は，合計出生率と純再生産率から，出生性比＝105として求めた再生産期間残存率の値を使った

図3-11　平均寿命の延伸と出生力低下の因果関係(世界人口)

同じような作図を世界人口についても行った（図3−11）。ただし、女性の50歳時生残率は、出生性比を105として純再生産率（NRR）から逆算した。また再生産期間の有効率の計算は、女性の平均初婚年齢ではなく女性の平均出生年齢による。

ちなみに図中、女性の平均寿命60歳付近にあるパルス状の変動は1958年から1961年にかけ発生した中国の大飢饉（大躍進政策の失敗により推定で1500万人から5500万人が餓死したとされる）前後の変動を反映したものと思われる。世界人口が爆発的に増加した時期においても地域的には大飢饉などが頻発していたと考えられる。しかし、中国のように人口規模が大きくなければ、世界人口のレベルでは目立つことはなかったと思われる。

また、女性の平均寿命の75歳付近にみられる折り返しのような動きはコロナ・パンデミックの影響による一時的な落ち込みと回復(予想)を示している。したがって、この辺りまでが2021年までの過去の実績値の推定、以降が2022年から2100年までの推計値と考えてよい。

日本の場合ほど単純ではないが、横軸の、女性の平均寿命が上昇するにつれ、女性が再生産期間まで生きる確率が70%弱から90%以上に上昇してゆき、その結果、置換水準の合計出生率が3人から2人に減少していく。これに対し、実際の合計出生率の方は5人以上から2人へと低下してゆくが、2050年を過ぎた辺りで女性の平均寿命が80歳に達し、合計出生率も置換水準の2・1人となり、その後も低下は止まらず、2100年には1・84人、置換水準の87%程度となる。なお、この図では、平均出生年齢の推移を元に再生産期間の有効率を求め破線で表示してある。平均寿命が70歳を過ぎた辺りから、平均出生年齢が上昇し、結婚・出生のタイミングが遅くなり、合計出生率の低下がさらに進み、置換水準以下となることが確認できる。

国連の新推計の2022年以降の値は、1950年から2021年までの推定値のトレンドを元にした投影であり、今回から多様なシミュレーション結果を統計処理する確率モデルを使っているとはいえ、変数間の相互作用や循環的な因果関係を組み込んだダイナミックモデルではない。したがって、人口学的要因以外はこれまでのトレンドが変化しないことが前提となる。とはいえ、世界人口全体が今世紀後半までには、多産多死から少産少死へと向かう第一の人口転換を終え、現在の日本のように少子高齢・人口減少が始まる第二の人口転換（あるいはポスト人口転換期）に入ることは、この図から原理的に確認できる。

世界の人口転換

しかし、この国連の新推計が示す世界人口の人口転換は、人口転換が遅れて始まったサブサハラ・アフリカなどの後発地域と、欧米や日本のように人口転換が比較的早く始まった先発地域の動きが、世界人口として合算され平均値として捉えられたものである。国連の新推計（UNWPP22）は、各国別、地域別の他にも、経済発展別、ＳＤＧｓの指標別など、様々な推計を公表している。したがって、世界人口ではなく、世界の人口転換を考えるとすれば、それら様々な地域分類ごとに人口転換の波を観察する必要がある。しかも、それら様々な人口転換の波は互いに独立しているわけでなく、国際人口移動、国際経済、食料、資源・エネルギー、そして地球温暖化を始めとする環境問題、パンデミックや国際紛争などを通じ相互に作用している。残念ながら、人口転換の先発地域と後発地域という分類はないので、ここではサブサハラ・アフリカと日本について、人口転換の主要な指標を示しながら（表3-1）、人口の持続可能性について考えてみたい。

表 3-1　人口転換の後発地域（サブサハラ・アフリカ）と先発地域（日本）の年齢構造，人口成長率，合計出生率の比較

年齢構造	年次	年少人口割合(%)	生産年齢人口割合(%)	老年人口割合(%)	年少従属人口指数	老年従属人口指数	従属人口指数	中央年齢
サブサハラ・アフリカ	2022	41.8	55.1	3.0	75.9	5.5	81.4	17.7
	2100	21.0	65.5	13.5	32.1	20.7	52.8	34.5
日　本	2022	11.6	58.5	29.9	19.9	51.2	71.1	48.7
	2100	11.2	50.1	38.7	22.4	77.3	99.7	54.4
世　界	2022	25.3	64.9	9.8	38.9	15.1	54.0	30.2
	2100	16.5	59.5	24.0	27.7	40.4	68.1	42.3

人口成長率	年次	CBR(‰)	CDR(‰)	自然増加率(‰)	人口成長率(%)	ダブリングタイム(年)	純移動率(‰)
サブサハラ・アフリカ	2022	34.2	8.9	25.3	2.50	28	−0.4
	2100	14.1	9.9	4.2	0.41	172	−0.1
日　本	2022	6.6	12.7	−6.1	−0.53	−133	0.8
	2100	7.2	14.1	−6.8	−0.55	−128	1.4
世　界	2022	16.8	8.4	8.4	0.84	83	0.0
	2100	10.8	11.9	−1.1	−0.11	−636	0.0

合計出生率	年次	TFR	NRR	MAC	出生性比	再生産期間の生残率(%)	再生産期間の有効率(%)	置換水準の合計出生率
サブサハラ・アフリカ	2022	4.52	1.94	29.0	103	87.3	59.9	2.33
	2100	2.00	0.95	29.7	103	96.6	58.1	2.11
日　本	2022	1.31	0.63	31.5	105	99.3	53.0	2.06
	2100	1.55	0.76	33.1	105	99.9	48.2	2.05
世　界	2022	2.31	1.06	28.2	106	94.3	62.1	2.18
	2100	1.84	0.88	30.1	105	98.1	57.0	2.09

資料：United Nations (2022a)より作図．中位推計
注：表中 MAC は Mean Age Childbearing の略．女性の平均出生年齢（出産時の母親の平均年齢）

後発地域が直面する持続可能性の危機

サブサハラ・アフリカなどの人口転換の後発地域は、今日もII初期膨脹期（多産・中死）からIII後期膨脹期（中産・少死）のステージにあり、2022年の粗出生率（CBR）は34・2‰となお高いが、粗死亡率（CDR）は8・9‰と先発地域よりはるかに低い（表3-1）。

粗出生率については合計出生率が依然高いこともあるが、粗死亡率については平均寿命が長いというわけではなく、いずれも高齢者より若者の方がはるかに多いという年齢構造の影響が大きい。しかし、いずれせよ、その差は25・3‰もあり、このため人口成長率は2・50％と、なお人口爆発のレベルにある。人口のダブリングタイムは約28年と短く、1世代ごとに人口が倍増する状況が続いている。このような人口状況のもとでは、社会的生産（例えばGDPなど）もまた年率2・5％以上で成長しない限り、1人あたり所得は毎年減少し、貧困から脱出できないだけでなく貧困化がさらに進むことになる。毎年生まれる子どもの数に対し死んでゆく老人の数は少ないため、年齢構造は年少人口41・8％、生産年齢人口55・1％、老年人口3％と裾野が広いピラミッド型になっている。中央年齢（全員を若い方から年齢順に並べた時にちょうど真ん中となる年齢）は、17・7歳！と、人口の半数以上がまだ10代の若者であり、世界人口の30・2歳や日本の48・7歳と比較すると、人口の若さが際立った特徴となっている。

このような年齢構造のもとでは、高齢者に対する扶養負荷を示す老年従属人口指数（生産年齢の人口100人に対する高齢者の数)は5・5と小さいが、その一方、15歳未満の若年者に対する扶養負荷を示す年少従属人口指数(生産年齢の人口100人に対する年少者の数)は75・9と高い。このため両者の扶養負荷をあわせた従属人口指数は81・4と極めて高く、世界人口の54・0や高齢化が進んだ日本の71・1を超えている。このような状況では社会的生産の大部分は年少人口の扶養に回らざるを得ないが、毎年、その数が増大する(というよりも爆発的に増加する)ため、人口増加を上回る経済成長が続かない限り、年少人口1人あたりの配分は減少する。また保健衛生・医療・教育などへの投資も難しく、国際的な支援を待つ状態が続いている。一方、生産年齢人口は年々増加するが、増加に見合う就業機会や消費需要の拡大がなければ、失業が増え経済は疲弊する。とりわけ若くて仕事のない、将来に希望が持てない若者が急増することで、社会秩序の混乱や治安の悪化、政情不安やテロの温床となることが懸念される。

女性の合計出生率(TFR)は4・52人と、日本の第一次ベビーブーム(1947～49年。4・54から4・32)時とほぼ同じ水準であり、純再生産率(NRR)は1・94と、1世代で人口が倍増するダブリングタイム28年と符合している。しかし、その一方、女性の再生産期間(15～49歳)の生残率は87・3%と、世界人口の94・3%や日本の99・3%には及ばないものの、すでに大きく改善されている。このため、これらの数値から求められる置換水準の合計出生率は2・33まで低下している。これは国際的な支援や保健衛生・医療・教育などの発達により、すでに平均寿命の延伸が始まり再生産期間の生残率も上昇した結果、出生力の置換水準が多子から2子に近づいていることを示しているが、その一方、女性が自らの意思に基づき自らの出産を自由に選択できる状況が依然として実現していないことを示唆している。男性に比べ、女性の就業機会や教育機会は限られており、女性が社会的・経済的に自立する可能性は低く、結婚して子どもを産み育て、その子どもの将来に期待するしかないが、その子どもの将来を考えて、女性が自らの意思で出産をコントロールする自由は与えられていない。このため、1人の女性が産む子どもの数は置換水準よりはるかに多くならざるを得ない。

これらのことから、人口転換の後発地域が爆発的な人口増加を抑え、人口の持続可能性を回復するには、女性のライフコース選択も含めた出生抑制の可能性(自由度)を保障する必要がある。しかし、それには人口成長を上回る年率2・5％以上の経済成長を続けること、すなわち生産年齢人口の増加に見合う就業機会の創出が求められる。具体的には人口転換の先発地域からの投資や生産移転が進むことが期待される。また引き続き保健衛生・医療・教育などへの投資を進め、女性の社会的・経済的地位を向上させ、出生抑制の可能性(自由度)をさらに高めていくことが期待される。さらに人口転換の先発地域への国際人口移動(移民)を今以上に促進すれば、人口転換のスピードをさらに加速することができるだろう。国連の新推計の楽観的な予測を実現するにはそれしかない。

先発地域が直面する持続可能性の危機

一方、日本に代表される人口転換の先発地域は、すでにⅤポスト人口転換期(少産・多死・人口減少)に入っており、人口の持続可能性を維持する上で少子高齢・人口減少を緩和しつつ、いかにして社会システムの崩壊を防ぐかが課題となる。国連の新推計で2022年の日本をみると(表3-1)、粗出生率(CBR)は6・6‰と極めて低く、粗死亡率(CDR)は12・7‰と高い。その差はマイナス6・1‰とマイナスだが、純移動率がプラス0・8‰という国際人口移動の効果もあり、人口成長率はマイナス0・53%と、自然成長率のマイナス6・1‰に比べ、減少がかなり緩和されていることがわかる。同じく2100年の値をみると、粗出生率(CBR)は7・2‰とわずかに改善するが、粗死亡率(CDR)は14・1‰とさらに高くなる。また国際人口移動の純移動率は1・4‰に増加、このため人口成長率もマイナス0・55%と大きな変化はない。ハーフライフ(半減期)も2022年の133年から2100年の128年とわずかな短縮に留まっている。このような人口状況のもとでは社会的生産(例えばGDPなど)が人口減少率の年率マイナス0・5%以下にならない限り、人口変動によって1人あたり所得が減少することはなく、理屈の上では、人口減少がただちに貧困化に繋がることはない。しかし、毎年生まれる子どもの数に対し死んでゆく老人の数がはるかに多くなるため、すでに年齢構造は年少人口11・6%、生産年齢人口58・5%、老年人口29・9%と裾野が狭い逆ピラミッド化が進んでいる。余談だが、欧米の学者の間では棺桶(coffin)型とも呼ばれている。しかし、日本の棺桶は長方形なので、出生力が置換水準を回復し全員が100歳で一斉に亡くなるようにならない限り、日本の棺桶型にはならない。

日本の中央年齢は48・7歳と人口の半数以上がすでに50歳に近い。なお日本の年少人口割合の低さと老年人口割合(高齢化率)の高さは世界の最先端であり、人口学者の間では、日本は世界で最も少子高齢化の進んだ国として知られている。しかし、人口学的には、この少子高齢化は際限なく進むものではなく、長期的には安定人口(人口減少は続くが年齢構造はそれ以上変化しない人口)に収束することが知られている。このため、2100年の値は、年少人口11・2%、生産年齢人口50・1%、老年人口38・7%と推計されている。年齢構造に関しては高齢化のみがなお40%近くまで進むことになる。この割合は、前述の日本の人口転換モデル(DTMJ)によるシミュレーション結果とほぼ同じである。

しかしながら、中央年齢は54・4と人口の半数以上が50歳代半ばとなる。このような年齢構造のもとでは、15歳未満の若年者に対する扶養負荷を示す年少従属人口指数(生産年齢の人口100人に対する年少者の数)は2022年現在19・9と低いが、2100年には22・4とわずかながら高まる。これは生産年齢割合が低下するためである。一方、高齢者に対する扶養負荷を示す老年従属人口指数（生産年齢の人口100人に対する高齢者の数）は、すでに51・2と高いが2100年には77・3まで上昇する。このため、両者の扶養負荷を合わせた従属人口指数は極めて高く、2022年現在の71・1から2100年には99・7とほぼ100！に近づく。つまり、日本のような人口転換の先発地域では少子高齢化がさらに進み、生産年齢人口にかかる扶養負荷が究極まで高まると予想される。それは生産年齢人口1人あたり、高齢者と子どもを合わせて1人分の生活を支えることを意味する。もっとも個人のライフコースに引き戻して、出生から15歳までの年少期は親に依存し、65歳以降の高齢期は成人した子どもに依存すると考えれば、順送りの役割分担としては、それほど不都合なこととは思えない。しかし、社会全体で考えれば、男女合わせたすべての生産年齢人口の一人一人が、健康で、かつ、自分の他にもう1人を扶養するだけの所得がある状態で、生産活動と再生産活動を続けることが求められるといえる。

このような状況では少子高齢化にともない生産年齢人口は減少してゆくので、1人あたりの生産性を高め、1人あたり所得を増加させる必要がある。一般に労働力の不足が懸念されているが、それ以上に問題となるのは、もっとも消費率の高い生産年齢人口が縮減することにより、国内市場の有効需要（所得の裏付けのある消費需要）が縮減してゆく点にある。これらのことから、日本のような人口転換の先発地域においても持続的な経済成長は必要であり、そのためには、今後も生産年齢人口の爆発的な増加が期待できるサブサハラ・アフリカなどの人口転換の後発地域への経済支援、先行投資を積極的に進めるとともに、国際人口移動（移民）の受け入れを積極的に行ってゆく必要がある。それは後発地域のためというよりも、先発地域の社会経済の持続可能性を維持する上で不可避な選択であると思われる。

日本の女性の合計出生率（TFR）は、２０２２年現在、１・３１人と低く、純再生産率（NRR）は０・６３であり、置換水準の合計出生率２・０６人を40％近くも下回っている。つまり、少子高齢化と同時に人口が1世代ごとに40％近く減少することは避けられない状況となっている。この低出生率の背景には、これまでの経済発展を通じ平均寿命が延伸し、再生産期間の生残率が99・3％と高くなり、もはや生まれた子どものほぼ全員が無事に成人する時代となったことが挙げられる。このような時代に、かつてのように女性が24歳までという若年齢で結婚し子どもを産み始めれば、若くしてライフコース上の大きなリスク（離婚・死別、子どもの養育・教育など）を背負うことになり、2子で産み納めるとすれば、その後も長く避妊を続けるか、性的な意味での夫婦関係を早々に解消するしかなくなる。結婚し出産・子育てに入れば、就業しキャリア形成を進めるべき大事な時期の負担が増えるか、あるいは中断することは避けられない。このため、年々、結婚・出生タイミングが遅くなり、平均出生年齢は31・5歳と高く、再生産期間の有効率も53・0％まで低下、再生産に利用できる時間の半分近くが活用されない状態にある。その結果、合計出生率は置換水準以下に留まり続けることになる。国連の新推計で２１００年の合計出生率は1・55とやや上昇すると見込まれているが、平均出生年齢は33・1歳とさらに上昇し、再生産期間の有効率も48・2%まで低下すると推計されている。出生力がやや回復するという根拠がどこにあるかは置くとしても、日本のような人口転換の先発地域において合計出生率を上昇に転じるには、結婚・出生タイミング(の遅れ)が出生率に影響しないようにする必要がある。そのためには、早婚早産/晩婚晩産あるいは既婚・未婚・非婚に関わりなく、子どもを持とうとする女性(あるいは男性、LGBTQ(性的少数者)も含めた多様なカップル)を社会的・経済的に支援する必要がある。また結婚・出生タイミングの遅れや健康上の理由から子どもを持てない女性(あるいはカップル)が、近年、急速に発展し始めた生殖補助医療(Assisted Reproductive Technology, ART)を利用できるように支援することも考えられる。しかし、女性が自らのライフコースについて、結婚・出産を自由に選択できるようになったことにより、その帰結として、現在の置換水準以下の合計出生率となっているとすれば、これらの政策的な支援によっても置換水準への回復は難しいと思われる。

したがって、日本に代表される人口転換の先発地域が人口の持続可能性を維持し社会システムの崩壊を防ぐには、生産年齢人口の爆発的な増加が期待されるサブサハラ・アフリカなどへの経済支援、投資を積極的に進めるとともに、その旺盛な需要に応えることで経済成長を続け、国際人口移動(移民)の受け入れを通じ、少子高齢・人口減少のスピードを緩和するしかないと考える。

人口減少は止まらない？

すでに述べたように国連の新推計によれば世界人口は２０８６年の１０４億３０９３万人をピークに減少に転じる。その後、２１００年までの14年間に８１６０万人、率にして０・８％減少する。また今世紀末の人口成長率は年率マイナス０・１１％、半減期も６３６年と長く50億人まで減少するのは数世紀先のことになる（表3-1）。しかし、だからといって、この人口減少がそれまでに止まる保証はない。むしろ、今世紀末の世界人口の合計出生率が１・８４人と置換水準の２・０９人を下回り、純再生産率（NRR）が０・８８となることを考えれば、この状態が改善されない限り、１世代ごとに12％ずつ人口は減少していくと考えられ、先行事例の日本の経験から考え、来世紀に入り、人口減少率はさらに高くなっていくと思われる。

また世界人口は、人口転換の後発地域から先発地域まで多様な人口の波が合成されたものであり、すでに大部分の地域で多産多死から少産少死への人口転換が終わりポスト人口転換期（少産・多死・人口減少）に入っている。それらの地域にあっては人口減少が目に見えて進む未来は、そう遠いことではない。さらに州や都道府県、市町村などの地域人口レベルでは人口移動の影響もあり、少子高齢・人口減少は歯止めなく進み、地域人口の持続可能性が危ぶまれる事態がすでに起きている。近年は、国際学会などでも世界各国の地域人口について危機的状況の報告が増加している。

しかし、この人口減少を止めることは容易ではない。すでに見てきたように、この人口減少は、マルサスが予言したように、社会経済条件や資源・環境が悪化し、出生率が低下し死亡率が上昇したために起きているのではない。この人口減少は豊かさと自由を追求してきた人類社会が生産力の飛躍的発展を通じ長寿化する一方、自らの出生力をコントロールする自由を拡張してきた結果、個人の選択の自由が、社会全体としての人口学的不均衡をもたらすに至った、その必然的帰結であると捉えるべきものである。

このようなことは、人類史上、かってない出来事であり、ホモ・サピエンスとしての人類は、個人の選択の自由を守りながら、今後、個人と社会をどのように調和させ、自らの持続可能性を維持していくのかという難問を解かなければならない。しかし、それにはまだまだ多くの議論と試行錯誤が必要とされる。むしろ、早急な解決を求めれば、社会は全体主義的で優生学的な方向に進み、社会的連帯の基盤は失われ、社会の崩壊に繋がることも危惧される。我々は、すでに第二次世界大戦前後にそのような危機を経験している。

したがって、我々は、人口転換の後発地域と先発地域とのタイムラグを活かし、後発地域の人口転換を加速する一方、先発地域の少子高齢・人口減少のスピードを可能な限り遅らせるしかない。そして、その間に少子高齢・人口減少にともない生起する様々な社会・経済・文化・政治的課題に対応し社会システムの改善を進め、その持続可能性を確保しなければならない。すでに述べたように世界人口が１００億人から１億人を切るところまで減少し事実上の消滅に至るまでにはまだ３００年ほどの時間がある。人類が存続し続けるとすれば、人口減少を止める方法も見つかるに違いない。

第4章　人口が減ると何が問題なのか？

1　人口減少をどう捉えるべきか

人口爆発と人口爆縮

日本全体の人口減少や地域人口の減少についても「人口が減ると何が問題なのか？」という当然の疑問が浮かぶ。とりわけ、世界人口については、１９６５〜１９７０年頃、人口増加のピーク時には２・０５％という高い人口成長率となり「人口爆発（population explosion）」という言葉が生まれた。マルサスが指摘したように人口は指数関数的に増加するため、２・００％を超す成長率の下では、人口は約35年（1世代）ごとに倍増する。事実、世界人口はなお増加しており、当時の40億人から現在の80億人を超え１００億に向かいつつある。このことが地球の生態環境にとって脅威となっていることは周知の事実であり、生態環境が崩壊する前に、この人口増加をコントロールする必要があることは間違いない。

しかし、ポスト人口転換期に入り、やがて人口成長率がマイナス2・00％近くまで低下すると、今度は人口爆発を逆回しにしたような急激な人口減少が起こることはあまり理解されていない。すでに第2章で述べたように増加する場合はダブリングタイム（70を人口成長率の％の数字で割った値。単位は年）、減少する場合は半減期（ハーフライフ）と呼ばれ、こちらは人口学より物理学や化学でよく知られている。放射性元素の半減期は短い方が環境への影響が早く弱まるので危険度は低くなるが（例えばセシウム134の半減期は約2年、セシウム137では約30年だが、プルトニウム239では2万4千年と長い）、人口学の方では、人口が消滅するまでの時間が短くなるので、半減期は短いほど危険度が高い。人口減少が加速し年率マイナス2・00％で減り始めると、人口は約35年（1世代）ごとに半減し、「人口爆縮（population implosion）」が起きる。このような急激な人口減少が世界中で起きるとすれば、地球の生態環境にどのような影響があるかについてはあまり知られていない（人類滅亡後についてはTVシリーズまであるようだが）、しかし、すでに100億人に近づきつつある人類社会が地球の生態系にとって脅威となっているとすれば、その地球の生態系はすでに100億人近い人類を含む状態で、現在、それなりに均衡し機能していると思われる。人類が急激に減少すれば、その均衡も崩れると考えるべきだろう。もっとも自然生態系のバランスが崩れたとしても別の均衡が生まれるだけのことであり、自然環境の方からみれば被害と呼ぶような危険性はないのかも知れない。ただ別の均衡への移行が、我々人類にとっても良い結果をもたらすとは限らず、人口爆発の場合とは異なる形で自然破壊が起きる可能性は高い。

人口増加と人口減少の違い

人口が急激に増加する場合、自然生態系の破壊以外にも様々な問題が発生する。しかし、人口増加では、基本的に人口成長自体が、生産年齢人口の増加を通じ、社会資本の蓄積や社会的生産の拡大を推進する。逆に社会資本の蓄積や社会的生産の拡大がともなわない限り、人口増加は続かない（サブサハラ・アフリカなどで人口増加が続いているのは、世界全体としては社会資本の蓄積や社会的生産の拡大が依然続いているからだといえる）。

このため問題の解決は比較的容易である。パイ（経済規模）の拡大、トリクルダウン（こぼれ落ち）効果（trickle-down effect）などと呼ばれるが、膨れ上がる社会資本や社会的生産の余剰が少しずつでも社会全体に浸透していけば、社会的不満や不安が加速度的に高まることはないだろう。また人口増加が見込めれば、時間とともに社会資本や社会的生産の増加も見込めるので、先行投資の回収は想定の範囲であり、計画的に社会基盤を整備し更新することも可能である。何よりも次々により多くの若い人々が社会に参入するため、社会的・経済的競争は盛んになり、社会全体の活力は高い水準で保たれる。ただし、人口増加では競争が過熱し、社会的ストレスが高まるという負の効果も生じる。また人口増加が成長限界を超えてオーバーシュートする(行き過ぎる)可能性もあり、その場合には、急激な人口減少や社会システムの崩壊を招く危険性がある。

これに対し人口が急激に減少する場合にも様々な問題が発生するが、人口減少では人口の縮減自体が生産年齢人口の減少を通じ、社会資本の蓄積や社会的生産の拡大を困難にする。また人口減少では社会経済システムを縮んでゆく人口規模に合わせ、常に縮減再編し続けなければならないという問題が発生する。パイの縮小、ストロー(吸い上げ)効果(straw effect)などと呼ばれるが、縮減する社会資本や社会的生産のもとでは就業機会が減り、分け前にあずかれる人が減る一方、わずかな余剰も削減され、吸い上げられることになる。また人口減少に合わせ組織の無駄を省きスリム化することが常に求められるため、人口増加の時のような、全員参加型の前向きの競争はなくなるが、ギスギスして陰湿な生き残りゲームのような競争が生じる傾向が強い。このような状況が社会全体に浸透していけば社会的不満や不安が鬱積し、集団として組織化することはあまりないとしても、突然、個人的に爆発したり暴走する危険性が高い。

さらに人口減少では社会資本の更新は難しく、社会的生産の増加は見込めないため先行投資の回収は困難であり、新規に社会基盤を整備したり、計画的に更新することは容易ではなくなる。全く不可能ではないが、対象を絞り込み投資を短期間に回収する必要があるため効率を優先せざるを得なくなる。

人口減少が実感されるには時間がかかる

右肩上がりの人口増加が長く続いてきたために、人口減少がもたらす様々な困難については、中々、理解されない。しかし、日本のように人口減少が毎年続き、減少数が過去最高を更新し続け、そのスピードが加速してくると、徐々に生活実感として理解されてくるようだ。

実際、地域レベルでは自然動態の減少に人口移動の効果(若い人口の構造的流出により再生産年齢の人口が減少する一方、住民の半数近くを死亡リスクの高い高齢者が占める限界集落・限界自治体化が進む)が加わるため、そのスピードは全国より早い。シャッター商店街や廃屋の増加、地元高校・小中学校の統廃合、ガソリンスタンドの廃業、公共交通機関の廃止が進む。この結果、いわゆる「地方消滅」が誇張でも脅しでもない現実となることが、ようやく理解され始めている。実はヨーロッパやアメリカ、インド、中国でも、地域レベルでは同様の変化が進んでいるのだが、どこの国でも人口分布の中心は、人口減少がもっとも遅れる大都市地域にあるため、日本のように全国レベルの人口減少が始まらない限り、一般の理解は得られないようだ。

このため、国であれ地方自治体であれ、地域レベルの人口減少は、その地域の問題としてしか捉えられず、地域間の連帯や協力につながっていかないという問題がある。日本についていえば、日本の人口減少をいかに止めるか、また地方創生についていえば、地域の人口減少をいかに止めるか(あるいは日本の人口減少を止めるには、地域人口の減少を止めなければならない)という点に関心が集中している。このような人口減少の捉え方に立てば、地域間の連帯や協力より、むしろ地域間競争をいかに勝ち抜くかという生き残りゲームとなってしまい、結果的に、世界各国間で、あるいは国内の地方自治体間で、減少してゆく人口の奪い合いという、最終的な勝者がいない戦いが起きることになる。

しかし、この人口減少は時間差はあるものの、地球上のすべての国や地域に広がっていく。また、これまで述べてきたように、これから直面する人口減少は歴史的な人口転換の帰結であり、この危機の克服には、国や地域の枠を超えたグローバルな連帯や協力が必要とされる。また、この人口減少を止めるには長期の試行錯誤が必要であり、人口減少を止めることよりも、人口減少とともに発生する様々な課題に速やかに対応することが求められる。

ここでは、縮減する世界が直面すると思われる課題として、生産と再分配の問題、自然環境・生活環境の悪化、国内・国際人口移動、グローバルな意思決定の必要性について論じる。いずれも、いかにして人口減少を止めるかという話ではなく、いかにして人口減少に対応するかという意味での課題である。現在、問題化している資本主義の限界、SDGs、グローバル・コモンズ（地球共同体）などの課題とも共通するものがあり、人口減少との関係が理解されることにより、当面、人口減少は止められないとしても、より良い世界の構築に繋がることを願っている。

2　生産と再分配の問題

消費需要の縮減

日本のようにポスト人口転換期を迎えた少子高齢・人口減少社会にあっても、十分な生産力を維持し、資源・環境上の制約の範囲を超えなければ、消費に必要とされる生産を満たすことは可能であると思われる。しかし、必要とされないものを生産しても意味がないとすれば、経済の規模は消費需要の大きさに比例する。このため人口増加が止まり減少に向かえば消費需要全体が停滞・縮減していくことは避けられない。この点について情報産業の育成などにより、1人あたりの個人消費を無限に増大させることが可能であるかのように思われるが、1人の人間が消費しうる情報量は、平均寿命＝平均生涯時間を超えることはないので、人口の縮減が続けば、遠からず、消費需要は停滞・縮減せざる得ない。また、かっては衣食住にわたり物的消費の中心をなしてきた「年少人口」や「生産年齢人口」が減少する一方、加齢とともに物的消費は減るが、医療・介護などのパーソナル・ケアの必要性は高まる「老年人口」が4割近くを占めるようになる。このため消費需要の中心は物的なものから、人の介在を必要とするインターパーソナルなサービスに移行してゆく。

労働力需要の縮減

「生産年齢人口」の減少とともに、就業して所得を得る人口が減少する。労働力の不足も起きるが、IoTやAI、ロボットなどで置換可能な領域では、物的生産や定形的なオフィスワークを中心に機械化・省力化によるリストラが進む。しかし、現在までのところ置換不可能なインターパーソナルな生産領域では労働力の不足が深刻化する。この労働力の不足に対応するには、労働力を物的生産領域からインターパーソナルな、人間にしかできない領域にシフトしてゆく必要がある。また雇用形態としては、正規雇用・年功序列賃金・フルタイム就業から非正規雇用・契約賃金・裁量労働制のパートタイム就業に移行してゆく。確かに現在までのところ、パートタイム就業は雇用条件が悪く低賃金で不安定雇用となっているが、人口減少にともない生産年齢人口の希少性が高まれば、その問題は、何らかの形で解決するしかない。

全体としては労働力需要が縮減する一方、平均寿命＝生涯時間は延伸してゆくので、雇用形態が変化してゆくことは決して悪いことではない。しかし現在までのところ賃金は基本的に労働時間に比例し、誰でも就業が可能とされるインターパーソナルな仕事ほど低賃金となる現在の賃金体系のもとでは、いわゆる「キツい、汚い、危険な」3K労働は社会的地位も賃金も低い。これに対しブルシット・ジョブ(アメリカの人類学者デヴィッド・グレーバーが2018年に書いた本のタイトル)の方は、社会的ステータスも賃金も高く(この本によれば社会的には無意味でむしろ有害でさえあるが)、両者の賃金格差は広がり、生産年齢人口全体の所得格差が拡大する。この結果、生涯所得という点で一部の高所得層と平均以下の低所得層に二極化し、中間所得層が縮減してゆく。

有効需要の縮減・再分配の問題

このため「生産年齢人口」の大部分で所得水準が低下し、ただでさえ低迷・縮減傾向にある消費需要は、購買力を持つ有効需要とはならず、結果的に消費も生産も低迷する。このように人口増加の鈍化や人口減少が有効需要の縮減を招き、景気が後退することについては、すでに1929年の世界恐慌の頃から論じられてきた。これに対しケインズは有名な『雇用、利子、お金の一般理論』(1936)の中で、政府が国債を発行し、これをもとに公共事業を起こし、就業機会を創出して再分配を進め、有効需要を喚起すべきだと、その処方箋を提示した。ただ、この方法では、政府は国債という形で累積債務を抱えるため、政策効果が出た段階で増税し国債の償還を進めない限り(ケインズはそのつもりだったようだが)やがては財政が破綻するという問題が残る。

一方、失業保険、健康保険、年金制度、介護保険制度などの社会保障制度を通じての再分配も有効需要を喚起するはずだが、この場合、主な原資(財源)は生産年齢人口の所得なので、その分だけ生産年齢人口の有効需要が減少し、その効果には自ずと限界がある。

また一般に社会保障制度の受益者は経済的弱者であり、再分配された所得はただちに消費されるので有効需要を喚起するはずだが、将来に不安を持つ高齢者や十分な所得や預貯金のある高齢者の場合、給付は消費ではなく預貯金や投資に向かうので有効需要を喚起する効果は小さい。さらに児童手当などによる有効需要の創出効果は、年少人口が毎年減少していくこと、また子ども本人が直接、受給し自由に消費するわけではないので、さらに小さい。したがって、社会保障制度には有効需要を下支えする効果はあるが、有効需要を喚起するような効果は期待できない。

つまり、人口減少による有効需要の縮減に対応し、いかにして就業機会を創出し、所得を増加させ、再分配するかが問題となる。この問題の解決には「働かざる者食うべからず」の原則を止め、就業と所得の関係を切り離す一方、累進税率をレーガノミクス(米大統領だったロナルド・レーガンが1980年代に推進した新自由主義的な経済政策)以前の水準に戻し、キャピタルゲインや資産課税も強化して、その財源をもとに再分配を行う必要がある。

財政危機の回避

人口減少が進み、生産年齢人口が縮減すると稼ぎ手が減るので、生産年齢人口1人あたりの所得が同じであれば、その分だけ、全体の税収は減少する。一億総活躍社会のスローガンのもと、女性や高齢者、あるいは障がい者や生活保護受給者の就業参加・復帰を促進する施策が進められている。あらゆる人が働き易い環境を整備するという点では歓迎すべき政策ではあるが、この施策によって生産年齢人口の縮減による税収減をカバーすることは到底できない。国勢調査によれば、日本の生産年齢人口のピークは1995年8716万5千人であり、直近の2020年では7292万3千人まで、すでに1424万2千人16・3％も縮減している。国連の新推計（UNWPP22）によれば、この減少は2100年まで続き、2022年現在の7245万3千人から3687万人まで、さらに3558万3千人、率にして49・1％減ると推計されている。その一方で、財政支出は増加し続けていることを考える（経常収支が均衡しても国債の利払いは膨れていく）と財政危機の回避が容易でない（というより不可能である）ことは明らかだ。

近年、注目を集めた現代貨幣理論（Modern Monetary Theory, MMT）は通貨も安定的でインフレにもならない日本を手本にしていた（遺憾ながら、本書執筆中に悲願のインフレ率2％を超え3％に上昇、円安も1ドル150円前後まで進み、その前提は崩れたが)。日本のように国債という形で累積債務が増大しても、それが自国通貨で買われ(近年は日銀が自ら買う)、預金として蓄積されていれば何の問題もない、政府は必要なだけ赤字国債を発行して、公共事業を起こし就業機会を創出すべきだ(基本的にケインズの有効需要政策と同じ考え方)という。

この理論が正しいとしても、日本のように国債残高とその返済金利が膨らみ、この金利返却分を財政支出に組み込む結果(このような手品をやっている)、政府支出の自由度は低下し、最終的には予算の大部分が借金の金利返済に回るという奇怪なことになる(本来そういう状況を財政破綻という)のは避けられない。あるいは国債の残高が無限に膨脹する結果、いつかは返済するという空手形の信用が失われてデフォルトの危険性が増す。MMTは、すでに日本が直面している危機的状況に対し、目を覆って見なければ、お化けは怖くないといっているようなものである。

もっと簡便で安心な方法は、新自由主義経済(ネオリベラリズム)が台頭しレーガノミクスが始まる前のように、個人所得や法人所得の税率の上限を引き上げて、税の累進性を高めることである。先進国の間では、いつの間にか税率の上限は40%を切るところまで低下しているが、これを元の70〜90%、あるいは、それ以上に上げれば、国債の発行による累積債務で財政が破綻することはなくなるはずである。

使い切れないくらい所得のある人や、設備投資に回さず内部留保を積み上げる企業から税金を集める分には個人消費への影響はほとんどない。企業の投資意欲が減退し不景気になるという見方もあるが、ゼロ金利どころかマイナス金利を導入しても、企業の新規投資は増えず内部留保のみが積み上がり生産投資に回らない現状では生産や消費への影響はほとんどないと考えてよい。金融投資への影響はあるだろうが、現在のように実需に回らない金融投資は将来への期待と不安を膨らませて売買しているだけであり、結果的には金融リスクを高める効果しかない。実際、今日のようなネット社会ではクラウドファンディングのように広く浅く分散した、リスクの低い小口の個人投資を組織化できるので、必要な資金を個人や企業が直接集め資本形成する方がはるかに容易かつ合理的になっている。

ただし、現在のところ累進性の高い課税に対し、企業や個人は海外に逃げてしまう（本人が逃げるか、資本を逃がすか、その両方か）という手が使えるので、国際協定を締結し国境を越えて課税するなどの対策が必要になる。すでに海外に本社を置くネット企業への課税強化が始まっているが、国際課税の仕組みをさらに進化させることが、この問題の解決に繋がると思う。

ベーシックインカムあるいは負の税金

ケインズは公共事業を起こし就業機会を創出し、賃金として所得を再分配する方法を提案しているが、仕事は単に地面に穴を掘って埋め戻すだけでもよいといわれるように、公共事業は賃金支払いの名目に過ぎない。「働かざる者食うべからず」という原則は未だに健全な良識とされているが、今日の社会で、この原則を守ろうとすれば、公共事業の名のもとに奴隷労働を強制することになり、憲法に違反し人権侵害となる。むしろ高額所得者も含め再分配(課税)は、所得に応じて行われるべきであり、就業状況とは切り離した方が容易である。

考え方としては、所得の多寡に応じ課税するが、憲法の基本的人権を守るという観点から、同じ社会の一員として健康で文化的な生活を送るのに必要な所得は社会が保障するとした方がよいだろう。すでに生活保護も同じ原理で行われているが、基本的に就業復帰の支援を目的としており、その水準は最低賃金を意識し低く抑えられている。このため健康で文化的な最低限の生活は平均的な所得水準の半分以下(つまり貧困ラインの近く)となるので有効需要を下支えする効果はあっても創出する効果は期待できない。

これは、かなり以前から注目され北欧など一部の地域で実験的に導入され始めたベーシックインカムの考えに近いが一律に最低所得を分配するのではなく、非課税所得を中心にそれより多い場合には累進税率で所得税を取り、低い場合には、不足分を負の所得税として支払う方式も考えられる。なお所得税(正の所得税)の累進税率の上限を、税収総額と、負の所得税(+その他の財政支出)の総額が釣り合うように設定すれば、基本的に財政赤字は発生しない。この仕組みでは「健康で文化的な最低限の生活に必要な所得」の基準値をどこにおくか、その他の財政支出をどのように設定するかが問題となる。またベーシックインカムの制度と同様、最低所得を保障することで、社会保障を含む行政サービスを簡素化したり民営化することも可能となる。さらに所得と課税の単位を世帯から、高齢者や子どもなども含め個人単位に切り替えれば、課税や児童手当などの給付における世帯単位の複雑な計算もなくなる。高齢者や子どもの基準値をどのように設定するか、また負の所得税分の振込み先をどうするかなどの問題もあるが、少子高齢・人口減少が続く限り、単身者（単身世帯）の増加は続くので、世帯単位から個人単位の課税への移行は避けられない。さらに課税をネットやＡＩを使い自動化すれば複雑な確定申告などもいらなくなる。

ただし、この課税システムが機能するには、すべての個人や企業の所得・支出に関する情報を漏れなく把握する必要がある。

再分配のあり方

このような再分配の仕組みは、個人の可処分所得（手取り所得）の増加に一定の制約を課すことになるが、その範囲は高い累進税率が適用される高額所得者が中心となる。つまり、基本的な考え方としては、働ける人が働きいくらでも高収入を得ることができるが、収入の多い人

(払える人)が税金を払うということになる。他人より多く、しかも他人のために多額の税金を払うことは高額所得に対するペナルティのようで気が進まないかも知れないが、個人が一人勝ちして必要以上にお金を集めることにより、他の人々が普通の生活を送るのに必要とするお金がなくなることがないようにするだけのことである。結果的に払った税金は有効需要として消費され所得として戻ってくるので誰も損はしない。誰であれ人の幸せを奪ってまでお金を稼いではいけないという単純なルールであり、それさえ守っていれば、いくら稼いでも構わないので、社会主義よりははるかに資本主義的な仕組みである。再分配の仕方は異なるが、ケインズが考えた公共事業(無用なインフラ整備)によるバラマキよりははるかにスマートで効率的だと思う。

しかし、グローバル化が進んだ現在の世界では各国が足並みを揃えないと、企業はもとより所得水準の高い富裕層がタックスヘイブンへ逃げ出してしまう。また一国内ではなく世界全体でみれば、まだまだ年少人口や生産年齢人口の増加が続くサブサハラ・アフリカなどで、今後も消費需要の爆発的な拡大が期待されるが、これを有効需要に変えるには先進国から開発途上国への富の流れが必要となる。しかし、現状では両者の経済格差はむしろ広がる一方であり、逆の流れが続いている。また開発途上国における再分配は先進国以上に貧富の差が大きい。

先進国であれ開発途上国であれ、現状の社会・経済システムのままでは、人口減少とともに国内・国外の経済格差は拡大を続け、経済的に破綻する可能性が高まる。

3　自然環境・資源エネルギー問題

自然環境の悪化・脆弱化

人口規模が縮小し、人口密度が低下するにつれ、自然環境との関係を再編することが必要となる。すでに過疎地域や都市周辺部あるいは大都市内でも、人口の希薄化にともない、生態学的なバランスが崩れ、野生動物の異常繁殖や人間の生活圏への侵入が起きている。

人口減少により生態環境からの一方的な撤退がなされた場合、生態環境がヒトとの接触がなかった頃のバランスを回復する可能性は極めて低い。というのも先進国の森林の大部分はすでに原生林ではないし、ヒトとの接触がなかった時代ははるか昔のことである。今日では貴重なものとなった里山の自然もヒトとの共生関係から生まれたものであり、熊や鹿、狐や狸、猪や猿などの大型野生動物の個体数も、ヒトとの接触やヒトの森林利用との関係で決まっている。むしろ人の生活圏が脱落することにより、自然環境のバランスは崩れ急速に荒廃が進む。また荒廃した自然環境では気候変動や異常気象に対する脆弱性が一層高まると予想される。少子高齢・人口減少による林業・農業・牧畜生産の急速な衰退、生産地の粗放化による生態環境の崩壊が懸念される。

生物多様性の減少

さらに、より長期にグローバルなレベルで自然環境の悪化を考えると、イスラエルの歴史学者ユヴァル・ノア・ハラリが『サピエンス全史――文明の構造と人類の幸福』の中で主張しているように、人類が小麦や米などの特定の穀物種や、牛・豚・鶏などの家畜動物のみを異常繁殖させたことにより、生物多様性を阻害し、地球上の自然生態環境そのものを破壊してきたという問題がある。

人口減少が、この問題の解決に直接貢献するかといえば、答えはノーであり、世界人口が現在の80億人から40億人に減ったとしても、現在の食料生産方式のままでは生物多様性の減少を止めることはできない。また人口減少が進めば、世界の食料問題が解決に向かうかといえば、やはり答えはノーである。その理由は、世界人口が人口爆発にも耐え、これまで増加してきたのは、人口増加より早いスピードで食料生産を増加してきたからであり、それを可能としたのは、特定の穀物種や牛・豚・鶏などの家畜動物の生産方式を巨大化したからである。人口減少が進めば生産効率は低下するので、むしろ食料事情は悪化すると考えなければならない。すでに開発途上国の一部で起きているように食料事情が悪化すれば原始的な焼畑農業への退行や野生生物の乱獲などが進み、生物多様性はさらに低下する。また経済的に豊かにならないと人口は減少しないが、経済的に豊かになれば、1人あたりの消費水準が上がり、食料の消費量は増えるので、全体としては、人口減少の効果は相殺されると考えてよい。

国連が主導して進められている「持続可能な開発目標」SDGｓ（Sustainable Development Goals）では、二つ目の目標（飢餓をゼロに）で食料安全保障や栄養改善、持続可能な農業の促進などで食料問題が扱われている（佐藤・松浦 2023）が、食料生産による生物多様性の減少という点について、環境負荷を大きく低下させる効果は期待できない。同様にフードロス（生産されたものの最終消費に至らず廃棄される食料）撲滅や、カロリー過多の食習慣を止めさせる健康キャンペーン、肉食をタブーとする菜食主義やさらに先鋭化したヴィーガン（菜食に加え、動物由来の服や生活用品も全て拒否する）など、文化的、社会的には重要かつ貴重な取り組みだと思うが、自然環境をベースとする食料生産である限り、人類による食料生産が生物多様性に影響することは避けられない。ちなみに穀物生産についていえば、ローマクラブ報告『成長の限界』（1972）で使われたWorld3というモデルでは、耕作可能な農耕地の寿命は6千年と設定されていたが、20年後の『限界を超えて』（1992）のWorld3/91では千年に短縮されていて土壌の悪化（風化・侵食・土壌流出）はその後も加速していると思われる。いずれアメリカやウクライナの穀倉地帯の農耕地が使えなくなる日がくることは避けられないと考えるべきだろう。

したがって、時間は掛かるが、この問題を根本的に解決するには、最終的に食料生産を自然生態系から分離するしかない。具体的には、すでに開発が進められ一部で商品化され始めているように合成タンパクなどの技術を使い、シンセティック・フード(合成食品)を生産する方向に進化し、その生産設備を自然生態系の食物連鎖(フードチェーン)から空間的に隔離することになる。このような生産設備がどれくらいの大きさになるかは定かではないが必要面積が農耕地や牧草地よりはるかに少なくなることは間違いない。大都市周辺部や大都市の内部に設置することも可能だと思う。もっとも、すでに述べたように、このようなことが可能となったとしても、生態環境からの一方的撤退がなされた場合、生態環境が元のバランスを回復する可能性は低いので、人類抜きの生態環境をどう管理するのかという問題にも並行して取り組む必要がある。

地球温暖化・異常気象への対応

地球温暖化については、2015年の「国連気候変動枠組条約締約国会議(COP)」で合意された「パリ協定」が翌年から発効し、全体目標として世界の平均気温上昇を産業革命以前と比べて2度より低く保ち1・5度に抑える努力をすることになった。そのため世界各国はCO_2を含む温室効果ガス(Greenhouse Gas, GHG)の排出量の削減目標を掲げている。日本は2021年4月の「気候変動サミット」で当時の菅総理大臣が2030年までにはGHG排出量を20

13年度水準から46％削減すると宣言したといわれている。

現在、進行している地球温暖化が産業革命以来進んできた化石燃料の消費により排出されるCO_2を増加させ、その大気中の濃度を高めた温室効果の結果として、地球の年間平均気温を上昇させているという仮説（相関関係はあるが量的因果関係は依然不明）は、今や自明とされている。仮に仮説が正しいとしてもCO_2を含む温室効果ガスの人為的排出量を削減すれば、その分だけ地球の年間平均気温の上昇が抑えられるとは限らない。地球大気にそのように敏感な可変性があるのなら、コロナで産業活動が大幅に低下した二、三年の効果がすぐに出るはずだが、今のところ確認されていない。しかし、温暖化が続いていることや巨大台風や竜巻、記録的猛暑や寒波など異常気象とされる現象が多発していることは経験的事実である。また、大震災や大津波などの巨大災害も頻発しているとの印象も強い。

もっとも自然災害の発生確率は、地理的要因や自然環境要因に加え、人口規模や人口密度、年齢構造などの人口学的要因や社会・経済・文化的要因により異なる。かつて、ポルトガルのリスボンで大地震（1755年）が起きた時に、ヴォルテールは神の摂理が世界を支配していることに疑念を示す詩を書いた。これに対しルソーは「リスボンの住民は七階建ての家に住んでいたから災難にあったのであり、森の中に散在して住んでいたとすれば被害は受けず災厄を免れただろうと反論したという話がある（ラッセル 1970）。ちなみにこの地震はマグニチュードが東日本大震災にほぼ匹敵する巨大地震で、リスボンを中心に5万5千から6万2千人が死亡(うち津波による者1万人)、国家が震災への対応と復興にあたった最初の近代的災害であり、地震学の誕生の契機となり、ヨーロッパ近代の思想・文化の形成に多大な影響をもたらしたといわれている。

このヴォルテール‐ルソー論争のように哲学的に考えなくとも、誰も住んでいないところで巨大地震が起きたとすれば、地震発生は報じられても災害とは呼ばないことは容易に理解できる。つまり、自然災害は天変地異の発生自体より、人がどこでどのように住んでいるかの方が問題となる。確かに災害の規模や被害の大きさは天変地異により異なるが、被災者数、死傷者数、行方不明者数、死亡率、建物や家屋の損傷、経済的損害などは、発生地域の人口規模や人口密度、年齢構造(年少者や高齢者が被害に遭いやすい)、性比(一般に男性の方が被害の割合が小さい)、社会経済状況などの影響が大きい。とりわけ、被災地域が社会・経済・文化的な面で弱い立場にある場合は被害が深刻になる。また災害からの復興過程においても人口学的要因や社会・経済・文化的要因の影響が大きい(井上・和田 2021)。人口との関係でいえば、少子高齢・人口減少が進んだ地域ほど、自然災害に対する脆弱性(バルネラビリティ vulnerability)は高く、回復力(レジリエンス resilience)は低い。

自然に帰れのルソー的観点に立てば、自然生態系の中に溶け込むように、人口を配置すべきだということになるが、ルソーに対するヴォルテールの反論は、それなら人はまた昔に戻って四つ足で歩けというのかというものである。この議論は現在においても事の本質をついていると思う。つまり、エコロジストの立場に立てば、最新のテクノロジーを活かし自然生態系への負荷を最小限に抑え、自給自足型の地域コミュニティに小規模な人口が分散居住することが理想となる。確かに、そのようにすれば、一度に数万人規模の死者を出すような大災害は起こり得ない。しかし、そのように低い人口密度で分散居住できたのは狩猟採集社会の話であり、仮に技術的に実現可能であったとしても地域コミュニティの人口密度×地球上の居住可能面積を掛け合わせた総人口しか生存できないので、総人口がそこまで減少するのを待つしかない。また自給自足型の地域コミュニティがどのようなテクノロジーを用いるとしても、そのテクノロジーのパフォーマンスを支えるには巨大な生産力が必要となる。たとえばソーラー・エネルギーや風力発電には、高性能の太陽電池パネルやウインドミルが必要となるが、そのような装置までも自給自足することは物理的に不可能であり、効率的な大量生産によるコストダウンがなければ利用できるようにはならない。高度のテクノロジーの利用は断念し、ローテクのみで支えられる人口規模まで縮小するという手もあるが、すでに近代的な生活基盤(インフラ)に適応してしまった現代のホモ・サピエンスが、先史時代以前の狩猟採集社会に適応できるとは思えない。また、狩猟採集でも楽に生きられる生態環境はすでにほとんど残っていない。

したがって、地球温暖化による気候変動への対応については、むしろ、自然災害のリスクが少ない地域に、人口を分散・集約する一方、防災能力を高めた大規模コミュニティの世界的なネットワークを築く方が理にかなっていると思われる。今日の大都市圏は、基本的に農耕生産や工業生産に適した海岸線や河川に近い地域に立地しており、このため津波や洪水、火山活動や地震の被害を受けやすいという問題を抱えている。エジプトはナイルの賜《たまもの》という言葉に象徴されるように、そのような自然環境が、逆にそれに耐えうる文明を育んできたともいえる。しかし、前述のように食料生産自体を自然生態系から分離してしまえば、海岸線や河川から離れた、地盤のしっかりした内陸部に高度なテクノロジーを活かした大都市圏を築いてゆくことは可能である。さらに、自然災害より気候変動への対応としては、変動する気候帯に合わせて、大都市地域を移動させ、その気候帯にあった居住・生活環境、そして社会・経済・文化を発展させるべきではないかと思う。そのような大規模コミュニティを、食料生産や工業生産などのユニットを装備し、可能な限り自然環境から分離したものにすれば、人類社会が自然環境に与える影響を最小化することができる。また気候変動のコントロールという点では、地球全体は難しいが、自然環境から分離した人工環境の地域気象なら十分対応できると思われる。

地球温暖化の原因が、産業革命以来の化石燃料消費によるCO_2増加にあるとすれば、化石燃料消費を減らすという意味では資源・エネルギー問題でもある。実際、人口増加との関係でいえば、地球温暖化より資源・エネルギー問題の方が先であり、ローマクラブ報告『成長の限界』(1972)では、当時、石炭に代わり消費が急増していた石油資源の枯渇が問題とされていた。そして、この本の出版の2年後に石油ショックが起こり、世界全体で石油価格が高騰し「成長の限界」が目に見える形となった。当時から、化石燃料に代わり、再生可能な自然エネルギーを活用するソフトエネルギーパスという考え方が提案されていたが、その後もエネルギー源の多様化はなかなか進まず、その間、エネルギー効率のもっとも高い原子力の比率が増す一方、自動車や船舶、航空機などの交通移動手段にかかわるエネルギーについては化石燃料が主役の座を独占していた。しかし、原子力発電所の安全神話は、アメリカのスリーマイル島原子力発電所(1979年)、旧ソ連のチェルノブイリ原子力発電所(1986年)、日本の福島第一原子力発電所(2011年)などの、深刻な事故を契機に徐々に崩壊し、とりわけ、直近の福島第一原子力発電所の炉心溶融事故の衝撃は大きく、ドイツを始め多くの国々で原子力発電からの離脱が目指されるようになった。一方、化石燃料を代表する石油の方は天然ガスなど環境負荷のより小さなものにウエイトを移す一方、アメリカでシェールオイルの開発が始まるなど、石油に代わる化石燃料の開発も進んでいる。また、これらの変化とともに、原子力や化石燃料に代わり、再生可能な自然エネルギーの利用を推進する動きも本格化している。太陽光発電や風力発電は、既存の電力供給網を通じて売電できるようになり、ドイツや中国などでは政策的支援もありエネルギーシェアを拡大している。また、これまで化石燃料中心であった交通移動手段においても、ハイブリッド車からEV車への移行が本格化し、生産ベースでは遠からず燃料車は廃止されるといわれている。さらに電力利用・交通利用の双方で利用可能な燃料電池（水素と酸素から水を合成する際に出るエネルギーを利用）という方式もあり、CO_2削減の究極の切り札といわれている。

エネルギー問題と同様に化石燃料以外の資源についても、次々に代替資源が登場してきたし、これからも登場するものと思われる。なぜなら化石燃料も含め、あらゆる資源エネルギーの価格は需要と供給の関係で決まるので、需要が新しい資源エネルギーにシフトすれば、その分、投資が盛んになり、生産性が向上すれば価格はいくらでも下がる。このため需要が大きくなると開発が進み、結果的に資源の潜在埋蔵量はむしろ増加する傾向にある。さらに近年はCO_2排出・削減などの環境コストや規制リスクも資源エネルギーコストに影響し始めており、政策的にグローバルな合意形成がなされれば、資源・エネルギー問題の解決は十分可能であると思われる。しかし、水資源も含め、資源エネルギー問題は、個人はもとより地方、国、そして事業者などの死活に関わるものであり、利害の調整や合意形成は容易ではない。

4　国内・国際人口移動の問題

国内の人口移動と地理的分布の再編

少子高齢・人口減少のスピードは地域により異なるが、基本的に人口規模が大きく人口密度の高い地域ほど遅く、人口規模が小さく人口密度の低い地域ほど急速に進む。少子高齢・人口減少が進むにつれ、移動性の高い若い人口は減少し、若年者の移動は少なくなるが、地域の持続可能性は失われ、もはや生活できなくなり地域から撤退する人々が増加してゆく。

ポスト人口転換期の社会では高等教育への進学率が上昇し、生産需要の変化からもより良い就業機会を求める競争は高まる。このため若い人口は豊富で多様な高等教育やより良い就業機会を提供する大都市圏へと移動し、そこに留まる傾向が強い。確かにコロナ・パンデミックの影響もありリモート授業が普及し、高等教育を受ける上での地理的制約は解消されつつあるが、若者が大都市圏へと移動する動機はそれだけはない。同年代の若い世代が集まり生活をともにし、友人や将来のパートナーに出会い、新しい未来を切り拓くという面もある。確かにメタバース的な仮想空間で何もかも実現してゆくことが、増々可能になっていくかも知れないが、最終的には現実世界での出会いや体験を通じてしか持続的な人間関係は生まれないと考えられる。

これに対し、家族形成期の人口については、子どもも大人も必ずしも大都市圏に居住する必要はない。しかし、保育などの子育て支援や塾や習い事などの教育支援、親の就業機会や余暇活動などの面で大都市圏が持つ魅力が大きいことは否定できない。また現時点では家族形成期の人口に対し大都市圏よりはるかに良好で魅力的な生活環境を提供している地域社会があったとしても世代交代とともにさらに過疎化・高齢化が進行することは避けられない。高齢者にとっても、大都市圏内の交通の利便性や医療保健・介護サービスは魅力的であり、実際、大都市圏の高齢人口は転入超過が続いている。確かに地方圏の方が豊かな自然と親密な人間関係など優れた生活環境を提供できる面もあるが、人口減少がさらに進めば、大部分の地域では、そのような優位性を維持することは困難となるか、あるいは自律性の高い所得も健康状態も良好な選ばれた人々しか住めなくなる可能性が高い。

このため国内における人口の地理的分布の再編が進む。しかし、その結果、分布間の移動距離は大きくなり、利用者の平均的な人口密度は低下する。このため、遠隔地域では日常的な人や物の移動の利便性が低下し移動手段の確保が難しくなる。その一方、ネットワーク全体の相互依存性は高まり、ネットワークからの孤立はライフラインの遮断を意味し、住民の生存権が脅かされることになる。ドローンや自動運転により遠隔地への輸送・交通の利便性を高める試みが行われているが、そのような技術の適用・運営は人口規模が大きく、人口密度の高い大都市圏の方がはるかに容易であり、コストパフォーマンスも高い。

したがって、自然環境・資源エネルギーへの対応とも絡み、海岸線や河川から離れた、地盤のしっかりした内陸部(空港なども立地する)に高度なテクノロジーを活かした、独立性の高い大都市圏を複数建設し、それぞれの地域間の人口移動を高速・恒常化させる方向に国内人口を再編していくしかないと思う。また、それらの大都市圏は国際人口移動に対しても開かれたものとなるだろう。日本についていえば、首都機能を複数の大都市圏に分散配置し、いずれか一つが残れば、すべての機能が回復可能にしておけば、国全体の回復力を飛躍的に高めることができると思う。

国際人口移動における問題

すでに述べたように、人口転換の先進地域では少子高齢・人口減少が急速に進む結果、海外から労働力の移動、移民・難民の受け入れが進む。その結果として、国内の低所得層・貧困層を中心に、非移民系と移民系住民(あるいはオールドカマーとニューカマー)の軋轢が高まり、移民排斥や前大統領トランプのアメリカ・ファースト政策のような自国優先主義を打ち出す国が増えていく。確かに現住者(非移民系)では少子高齢・人口減少が進む一方、移民系市民は急速に増大し、両者の割合は接近し、やがては逆転せざるを得ない。したがって、現住者が不安感・

疎外感を持つことは十分理解できる。しかし、仮に国際人口移動が止まったとしても、先進地域の少子高齢・人口減少が止まるわけではなく、経済的な衰退がむしろ加速する可能性の方が高い。

またシェンゲン協定の発効(1995年)後、EU域内の人口移動は急速に自由化したが、就業・教育・福祉などの生活水準は各国間に差があり、このため生活水準の低い地域から高い地域へと人口が移動し、経済格差が増々拡大するという問題が起きている。またEUと、ロシアを含む旧東ブロック地域との生活水準の差はさらに大きく、旧東ブロック地域からの留学・就業移動や出稼ぎ移動も増えている。そこにさらにシリア難民問題やロシアによるウクライナ侵攻などによる難民も押し寄せ、難民受け入れを巡り、EU内に対立が生じ、それがイギリスのEU離脱やEU各国内における極右政党の台頭につながっている。

また国際人口移動は必ずしも善意に基づくものとは限らず、人身売買も含め、不法な手段や労働条件で海外から安い労働力を送り込み搾取するといったケースや、麻薬等の密売に絡むものもある。さらに、コロナ・パンデミックで明らかとなったように、国際人口移動が安価でスピーディになればなるほど、防疫体制の重要性は増し、入国から出国まで、途中経過も含め、リアルタイムで追跡・管理する必要性が高まる。近年、日本では下火になったが国際テロの脅威も去ったわけではなく、出入国管理の全面的な情報化は今後も進めねばならない。

したがって、国際人口移動については、グローバルな視点に立った多国間協定に基づく管理、計画的な推進が必要とされる。しかし、そのためには長期的視点に立ち、国家間の枠を超えたグローバルな合意が必要となる。

5 グローバルな意思決定の必要性

社会的コンフリクトの増大

縮減する社会は、所得の再分配を含む様々な再分配問題に直面する。なぜなら急速に進む少子高齢・人口減少は、様々な社会グループ間の人口構成を変化させ、利害対立と格差拡大をもたらす。それらは家族を持つ人たちと家族を持たない人たち(後者の増加)、子どもと高齢者(後者の増加)、男性と女性(平均寿命がより長い後者が増加)、現役世代と引退世代(後者の増加)、貧困層と富裕層(両極化。前者の増大と、富の集中による後者の相対的減少)、健康な人と病気の人(両極化。前者の増大、後者の相対的減少)、高学歴層と低学歴層(両極化。前者の増大、後者の相対的減少)、大都市圏と過疎地域(集中と消滅)、移住者と現住者(比率の逆転)など。これまでの再分配の仕方を新しい人口状況に合わせ格差を縮減する方向に社会システムを適応させてゆくしかない。それに失敗すれば社会的連帯の基盤が崩れ、社会システムは機能しなくなる(Hara 2014/2020)。

「誰一人取り残さない」が基本原則となる

しかし、格差を縮減する方向で、社会システムを適応させてゆくとしても、すべての格差をなくすことは容易でないし、また理想でもないだろう。たとえば、何事も人口構成比に従って機械的に再分配すれば、平均格差は0になるが、そのような機械的平等が合理的とは限らない。むしろ必要とする人には十分な再分配がなされず、必要としない人に過分に再分配される可能性が高い。わかりやすい例でいえば、日本の選挙制度においては一人一票の原則があり、その格差は0プラス・マイナス1以内(つまり1票の格差は2倍以内)に抑えることが求められているが、大都市圏より地方圏の方が人口減少のスピードが早いため、その原則に忠実に改革を進めてゆけば、大都市圏の議席はさらに増加する一方、地方圏域の議席数は減少し続け消滅に向かうことは避けられない。同様に少子高齢化が進めば選挙権のある18歳以上の人口は高齢者を中心に増加する一方、65歳未満の人口は減少してゆく。このため生産年齢人口の票の政治的価値は低下してゆく。さらにいえば、国会議員の女性比率の低さが問題となっているが、成人の性比に比例すべきであるとすれば、50%以上が女性議員であるべきだし、人口が高齢化するほど、女性の割合が高くなるので、理想的な女性議員の比率はさらに高まることになる。また人口構成比にこだわるのであればLGBTQなどの性的マイノリティやアイヌ民族、あるいは、さらに構成比の低い少数者の権利は無視されても仕方がないのかという問題が生じる。したがって、格差を縮減する目的は、本来、機械的な平等の実現ではなく、合意形成にあると考えるべきだろう。

近年、世界中で急速な広がりをみせているSDGsは、地球上の「誰一人取り残さない(leave no one behind)」を大原則として掲げている。

急速に進む少子高齢・人口減少とともに、様々な社会グループ間の人口構成や力関係が変化し、利害対立と格差拡大が進む世界では、この「誰一人取り残さない」というシンプルな原則に沿い、地球上にともに生きる限り、誰にとっても必要最小限の権利が保障されることで、初めて互いの立場を超え多様性を尊重しつつ、共存共栄するための合意形成がなされるのではないかと考える。すでに近代化の過程で基本的人権や「自由・平等・博愛」などの概念は生まれてきたが、その実態化は現在もなお途上にある。しかし、21世紀に入り、世界人口が人口増加から人口減少に向かうタイミングで、この「誰一人取り残さない」というスローガンが世界全体に広がり始めたことは偶然ではないだろう。人口が爆発的に成長する過程では互いに競い合い強者が弱者を駆逐することは避けがたいことであったかも知れないが、少子高齢・人口減少が進み人口再生産さえ難しくなっていく状況では、生まれてくる一人一人の生命・健康・社会的経済的権利を保障することでしか、社会的連帯を維持することはできない。

グローバルな意思決定システムの必要性

このように「縮減する社会」では様々な再分配問題が発生し、解決のための合意形成が必要とされるが、その一方、人口減少が進めば進むほど、社会システムのネットワークにおける、個人、集団間の相互依存関係は緊密化する。このため社会的連帯を維持するには、すべての人の基本的人権、生存権、生活権を平等に保障することが必要となる。

その結果、基本的に多数決原理は効かなくなり、最低保障(ミニマム・セキュリティ)と全員の同意(あるいは黙認)という形で、各社会グループの比率や規模を超えたグローバルな合意形成が不可欠となる。この合意形成には、無論、再分配の調整も必要であり、もっとも簡単な解決策は、社会グループごとの細かい利害調整ではなく、一律、最低保障+個々人の必要性に応じた保障(公共の利益に反しない限り)の形となるだろう。

さらに、このような合意形成にはグローバルな意思決定システムが必要となるが、現在の国連やEUなどの地域共同体、あるいはNGOなどが発展し、そのような機能を果たせるシステムが生まれる必要がある。しかし、そのような意思決定システムは、国連、EU、世界各国、各国の地方自治体など、地理的・地域的単位の意思決定システムの上部組織としてではなく、地球全体をカバーするグローバルなものとなる必要がある。それはNGOやGoogleなどのように、地理的・地域的単位を超えて、ゆるやかに組織されるが、インターネット・プロトコルのような基本ルールに基づき機能する。しかし、実際の政策自体は、現在の地理的・地域的単位の行政組織が執行してゆく形となるだろう。地理的・地域的単位の行政組織はグローバルな意思決定システムの合意に従う必要はあるが、それは原則合意であり、原則の範囲から逸脱しない限り、各組織の自治は尊重されるだろう。また、あえて逸脱すれば、その行政組織は、グローバルな意思決定システムから排除されることになるが、それは、その地理的・地域的単位の住民がその行政組織をボイコットする形になるだろう。また住民も含めグローバルな意思決定システムの方針に従わない場合は、その地域は社会経済的なグローバルネットワークから排除され孤立することになる。というとそのような強制力が他の地域にあるのだろうかと不安になるが、市民による単なる不買運動であってもグローバルネットワークから排除されればその効果は絶大だろう。

現在の国連や国家も同様であるが、武力による国際的な利害対立の解決は、少子高齢・人口減少が進むこれからの世界では、人口学的リスクがあまりに高く、たとえ何らかの解決をみたとしても失うものの方がはるかに大きい。その点からも、グローバルな意思決定のシステムの必要性が高まっている。

第5章　サピエンス減少の未来

1　国連の将来人口推計2022が示す未来

アジアの世紀からアフリカの世紀へ

国連の新推計(UNWPP22)によれば、世界の主要地域別人口の中で、今後、もっとも大きく増加するのは、サブサハラを含むアフリカの人口である(図5-1/図5-2)。1950年のアフリカの人口は、2億3千万人と、当時の世界人口25億人の中で10％にも満たなかった。これに対し、アフリカの旧宗主国であったヨーロッパの人口は5億5千万人と倍以上もあり、また世界人口に占める割合も20％を超えており、第二次世界大戦後の世界におけるヨーロッパはアジアに次いで人口が多く稠密な地域であったことがわかる。これに対し北米やラテンアメリカ・カリブ諸国の人口は各々1億6千万人ほどであり、オーストラリア・ニュージーランドを含むオ

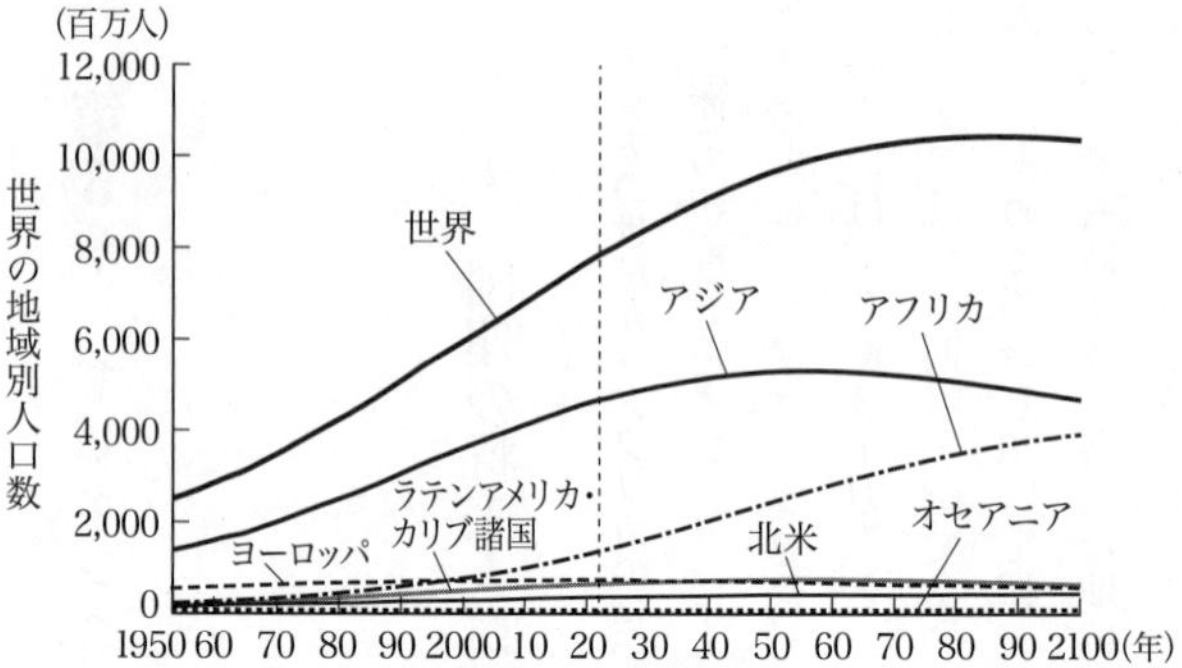

資料：United Nations (2022a) より作図．中位推計

図 5-1　世界人口の変化(地域別)

セアニアの1258万人とともに、広大な地域に比して、人口規模は小さく、もともと人口が希薄な地域であったことがわかる。

これに対し、アジアの人口は13億8千万人、世界人口の55％と、その過半数を占めていた。その後もアジアの人口は増加し続け、2022年現在、47億2千万人と、ほぼ80億人に達した世界人口の59％を占めるようになっている。かつてアジアに次ぐ人口規模を誇ったヨーロッパの人口は、その後7億4千万人まで増加したものの、世界人口に対するシェアは9％に後退した。一方、サブサハラを含むアフリカの人口は14億3千万人、人口シェアは18％とすでにヨーロッパを凌駕している。北米は3億8千万人、ラテンアメリカ・カリブ諸国の人口は6億6千万人、オセアニアは4500万人と、人口は大きく増加しているが、人口シェアは余り変化していない。

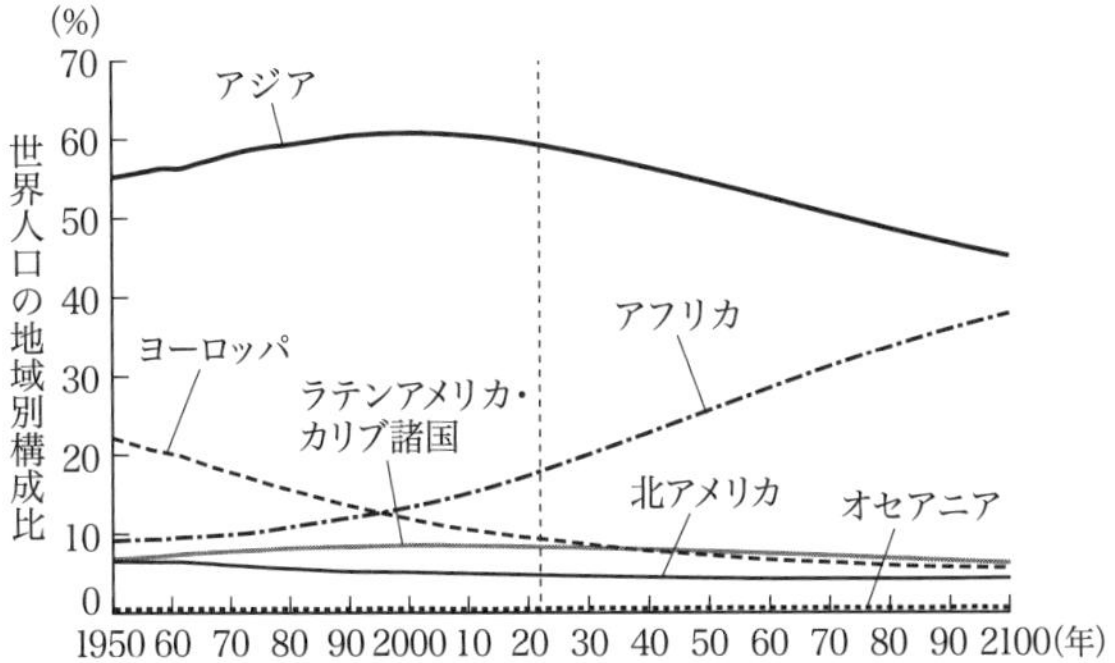

資料：United Nations (2022a)より作図．中位推計

図 5-2　世界人口の構成比の変化(地域別)

さらに今世紀末の状況をみると、アジアの人口は、２０５５年の53億人をピークに人口減少に入り、２１００年には46億7千万人と45年間で6億3千万人減少する。なお世界人口に対するシェアのピークは２００１年の60・8%で以降は低下していく。２１００年には45・2%となり、依然としてシェアは一位でアフリカよりも高いが、アジアの世紀は終わりつつあるともいえる。これに対しアフリカの人口は世紀末まで増加を続け、２１００年には39億2千万人、人口シェアは38%となり、世界の4割近い人々がアフリカ大陸に居住するようになる。この推計にはないが、22世紀に入れば、アフリカはアジアの人口を超える。つまり、22世紀はアフリカの世紀となるとみてよいだろう。これに対し、ヨーロッパの人口は、すでに２０２０年の7億4千万人あまりをピークに人口減少に入っており、２１００年には5億9千万人と、1億6千万人減少し、

世界シェアも6%となる。北米は、4億5千万人まで増加、シェアは4・3%、ラテンアメリカ・カリブ諸国の人口は2056年の7億5千万人をピークに世紀末には6億5千万人、世界シェア6%、オセアニアは6900万人まで増加、世界シェアは0・7%と余り変化しない。

推計が意味するもの

つまり、20世紀後半から22世紀にかけて、世界人口はアジアの世紀からアフリカの世紀へと入れ替わっていく。しかし、この変化を現在時点の開発度や所得水準でみると、もっとも人口増加が進むのは後発開発途上の国々(Least Developed Countries, LDC)であり、中進国(semi-advanced countries)や先進国(developed countries)の人口は急速に減少に向かっていく。つまり、現状の開発度や所得水準のまま人口構成のみが変化してゆくとすれば、世界全体が貧困化していくことになる。あるいは現在の世界的な経済格差の拡大には人口変動による構成比の変化も影響していると考えてよい。しかし、そのような経済格差の拡大や世界の大部分の地域における貧困化に、世界経済や世界人口の持続可能性がどこまで耐えられるか疑問である。とりわけ、現在進行中の地球温暖化による自然災害の大規模化や、新型コロナウイルスのような疫病の大流行、ロシアのウクライナ侵攻のような国際紛争が引き金となり、深刻な食料・資源・エネルギー危機が発生すれば、この国連の新推計のシナリオが大きく狂い、世界人口が回復不能なダメージを受ける可能性は排除できない。逆にいえば、世界人口がアジアの世紀からアフリカの世紀へと入れ替わっていくとすれば、その変化を支えるだけの経済成長や経済格差の縮小が実現されねばならない。

また、この国連の新推計では、国際人口移動が、コロナ危機以前と変わりなく続くことが前提とされている。秩序ある国際人口移動が計画的に推進されれば、それはサブサハラ・アフリカなどの人口増加を抑え、経済発展に資するものとなり、他方、中進国や先進国の少子高齢・人口減少を緩和し、縮減していく有効需要を下支えするものとなる。しかし、すでにEUやアメリカで起き始めている移民排斥運動が激しさを増し、トランプ前大統領がメキシコとの国境に巨大な壁を建設しようとしたように、自国優先主義的政策が横行するようになれば、世界的な経済格差の拡大と貧困化がさらに進むことになるだろう。その場合、やがて抑えきれない程に巨大化した難民の群れがEUやアメリカに押し寄せ、先進国の社会・経済・文化は崩壊するだろう。たとえ押し寄せる難民を軍事力により暴力的に止めることができたとしても、ポスト人口転換期に入った文明社会にとって、それは自らの社会・経済・文化が寄って立つ基本原理(自由・平等・博愛、基本的人権の保障)を否定することになるだろう。

世界がもし100人の村だったら

ローマクラブ報告『成長の限界』で使われたワールドモデルの開発で人口セクターを担当したドネラ・メドウズが1990年に「村の現状報告」と題したエッセイを発表、これが「世界がもし100人の村だったら」として、2001年前後からネット上に広まっている。国連の新推計が示す世界人口の構成比の変化を、日本も加えて、同じように記述すると次のようになる。

世界がもし100人の村だったら、1950年の村の住民は、アフリカ人が9人、アジア人が55人、ラテンアメリカ人が7人、ヨーロッパ人が22人、北米人が6人、オセアニア人が1人。アジア人55人のうち、日本人は3人。1950年の日本人口は8400万人ほどで現在よりは少ないが世界人口の3・4%を占めていた。

これに対し、2022年現在の村の様子は、アフリカ人が18人、アジア人が59人、ラテンアメリカ人が8人、ヨーロッパ人が9人、北米人が5人、オセアニア人が1人。アジア人59人のうち、日本人は2人。2022年の日本人口は1億2300万人ほどと多くなっているが、世界人口の1・6%と人口シェアは半減している。

さらに2100年になると、村の様子は変わり、アフリカ人が38人、アジア人が45人、ラテンアメリカ人が6人、ヨーロッパ人が6人、北米人が4人、オセアニア人が1人。アジア人45

人のうち、日本人は1人。しかし、2100年の日本の人口は7400万人ほどで、世界人口に占める割合は0・7%しかない。したがって、1人未満を0人と考えるのなら、2061年の0・9%以降、日本人の村人は誰もいなくなるともいえる。もっとも1人(1%)未満を0人とするのであれば、オセアニア人の村人は1950年の0・5%から2100年の0・7%まで、ずっといなかったことになる。

また、どの地域でも同じことだが、ここでいう日本人は、その年次に日本に住んでいる人という意味であり、民族的出自ではない。人口学では、人口は一定時間内に一定の空間にいる人の数なので、単に日本の総人口といっても、日本国籍者もいれば、外国籍者も無国籍者もいる。また日本国籍者であっても、外国籍から帰化した人や両親のいずれか一方が外国籍である人もいる。日本は1984年に国籍法を改正するまでは父系血統主義であったため、父が外国籍の場合、子どもは外国籍となった。これに対しフランスやアメリカなどの出生地主義の国では自国領土で生まれた子どもは自国籍を自動的に付与される。つまり、同じ日本国籍者であっても本人や親の出自が日本であるとは限らないし、アメリカやフランス国籍については、さらに多様な人々が含まれる。実際、これまでのペースで国際人口移動が続けば、世界の各地域の人々は相互に入り交じり、世界人口の分布がどうなるかとは別に、世界全体が実態として多民族化することは避けられない。たとえば、すでにイギリスのロンドンは住民の半数以上がインド系であり、新しい保守党党首もインド系になった。ドイツでは、すでに全人口の25％以上が移民系の出自で占められている。日本でもすでにスポーツ分野などで移民系の日本人の活躍が注目を集め、日本の伝統文化である大相撲などはかなり前から多民族化している。世界中で多様な系統の人々が入り混じり、共に学び、働き、家族を形成し生活することが日常化するだろう。

さらに100人の村の1人、平均的なホモ・サピエンスを考えれば、村人の人数はその遺伝子（DNA）構成を示すという解釈も成り立つ。たとえば2100年の平均的なホモ・サピエンスの遺伝子の特徴について、その構成比をみれば、アジア系とアフリカ系がほぼ40％、その他の系統が20％を占め、アジア系の1％弱が日本人の系統の遺伝子ということになる。この種の、ホモ・サピエンスの遺伝子的特徴の遷移は、これまでも常に起きてきたと思われ、驚くべき未来でも、避けるべき未来でもなく、単に歴史的必然と考えるしかない。むしろアフリカ系の比率が増すこと自体は、混じり合った結果、本来の姿に戻っていくという点では、ごく自然なことのように思える。

2 人口転換の推進装置

日本の人口転換モデル（DTMJ）では、人口転換の主要な動因は、社会資本の蓄積にあり、この社会資本の蓄積は技術革新などによる生産性の上昇がなくとも、生産年齢人口が増加すれば進む。したがって、もっとも重要な社会資本は高度に組織化された生産年齢人口であるという結論になった（第3章のコンピュータ・シミュレーション参照）が、生産年齢人口も含め、人口が高度に組織化されるには生産と再分配がスムーズに行われ、経済が成長する必要がある。

しかし、経済成長は必要だが、人口成長率との関係でいえば、経済成長率が人口成長率よりも高く、人口成長率（人口減少率）のマイナス部分を補塡するものであれば十分であり、これまでのように誰も彼れもがより高い所得を求めて競争し、常により高い経済成長をめざす必要はない。このことは個人間でも地域間でも国家間でもいえる。その意味では爆縮状態の人口減少率がマイナス2％程度で収まるとすれば、年率2％程度の安定成長が確保できれば十分だと思う。大事な点は経済成長率の高さではなく、生産と再分配がスムーズに行われることにある。そして、そのためには、生産と再分配を切り離す必要がある。

働かざる者食うべからず？

先にも述べたように、そのためには「働かざる者食うべからず」という原則を止めるしかない。この原則は近代化・産業化の過程で、労働力需要が増大したために生まれた特異なものであり、人類史に普遍的なものとはいえない。実際、今日においても、十分な資産を有する者は働かなくても食べていけるし、先進国では、子どもや高齢者、障がいや失業などで就業が困難な人が働くことを強要されることはまずないし、働かなくても餓死することはない建前となっている。

人類史的にみれば、労働は食べる(生きる)ために必要とされるものを獲得する活動から生まれた。これは生物としての採餌《さいじ》行動の延長と捉えることができる。ただ、ホモ・サピエンスは、この採餌行動の効率を飛躍的に高める方向に進化してきた。その原動力は環境に対する知的好奇心にあると思う。他の生物の場合も採餌行動の効率を上げる方向に進化しているはずだ(そうしないと他種との競争に遅れを取る)が、ホモ・サピエンスの場合は、脳の前頭葉が発達した結果、その進化が加速した。効率を高める工夫から科学技術が発達する一方、余った時間=余暇から文化が生まれ、それが社会的連帯に基づく社会的分業を推進し(文化の力がなければ、増加する人口を高度に組織化することはできない)、さらに労働効率を高めるという形で進化を加速してきたと考えられる。

その結果、産業革命以降、化石エネルギーを使った機械生産が進むにつれ、労働効率が飛躍的に高まり、食べるための労働は限りなく縮減し、逆に余暇時間が増大した。平均寿命の延伸もあり、一生の間にホモ・サピエンスが生物学的な採餌行動の延長として行う労働の時間は絶対的にも相対的にもさらに短くなってきている。いまや余暇時間をいかに過ごすか＝余暇時間をいかに生きるかが、ライフコース上の主要なテーマとなりつつある。

しかし、同様のことは、すでに先史時代の狩猟採集社会でも起きていたと思われる。たとえば、ゲーム(game)は、現在の情報社会で重要な産業分野となりつつあるが、もともとは狩猟採集における獲物(game)の獲得競争から発生したと考えられる。あるいは情報社会の中核原理となっている確率の概念や計算も、その淵源は狩猟採集社会や農耕社会の神事＝占い＝賭け事にあること、またスペインのアルタミラの洞窟の壁画や日本の縄文時代の土偶など、生物種としてのホモ・サピエンスの優れた特性は、食べるための必要に迫られた採餌行動ではなく、そこから解放された余暇行動の方にあるといえる。

高度な科学技術と情報ネットワーク、ＡＩやロボットなどが発達した結果、食べるための労働の必要はなくなってきていると考えれば、ホモ・サピエンスの優れた特性をさらに延ばす方向に進化するべきであり、その逆ではないと強く主張したい。

有効需要はなくならない

ベーシックインカムや負の所得税などが導入され、食べるために働かなくても人並みの生活が保障されるようになれば、一生懸命働く人はいなくなり、何もしない怠惰な人が増えて、社会・経済は機能せず、結果的に貧困化するのではないかという危惧が残るかも知れない。やってみなければわからないが、すでに一部の地域でおこなわれた実験では、そのような懸念はないようだ。逆に何にトライしようと、成否に関わりなく、人並みの生活が保障されるのであれば、賃金とは関係なく、様々な仕事に就くことが可能となるし、仕事が余暇活動化し、さらにその余暇活動から新たな産業が成長する可能性もあるのではないかと思う。資本主義社会では企業は利潤の追求がすべてであり、株主に利益を還元できない企業は存在価値がないようにいわれているが、実際に、そのような企業理念を全面に打ち出したことによって成長した企業があるとは思えない。確かに全く利潤を追求しない企業は存続し得ないが、人が企業を組織するのは、その企業の活動を通じ、何か新しい価値を実現したいからであり、結果的に利益が出て企業が成長することはあっても、その逆ではないと思う。

企業だけではなく働く個人も同様であり、人は賃金を得るために働くのではなく(確かに、現在のように働かざる者食うべからずという原則があれば、そういう面があっても仕方がないが)、本来的には他の個人と群れ集い、多くの人と交流し、何か新しい価値を実現するために働くというのが、ホモ・サピエンスとしてのあり方なのではないか。会社という言葉の本来の意味は、日本語でも英語でも仲間(company)であるし、corporation(会社)とcooperation(協力)が似た言葉であるのも偶然ではないだろう。企業(enterprise)が、ＳＦテレビドラマシリーズ、スタートレックの宇宙船の名前であっても不思議ではない。むしろ、働かなくても人並みの生活が保障されるようになれば、有効需要は増大し経済活動は今より活発になり、3K労働やブルシット・ジョブのような侮蔑的な言葉はなくなるだろう。

3 出生・死亡・移動の未来

出生の未来

人口転換のプロセスにおいて主要な役割を演じたのは出生力の低下であり、平均寿命の延伸の結果、置換水準の出生率の水準が低下し、女性が再生産期間に産む子ども数を、平均して約2人に収まるようにコントロールするようになり、さらに平均寿命が延伸した結果、その2人を産むタイミングもコントロールするようになった。その結果として合計出生率が置換水準以下に留まるようになった。

このような出生力のコントロールは、今に始まったことではなく、先史時代の狩猟採集社会でも農耕社会でも、常に行われてきたと思われる。日本の人口転換モデル（DTMJ）の出生力セクターの標準最大出生力は、再生産期間を15歳から45歳の30年間として、平均出生間隔2年で割り、15人に設定してある。この値が意味するところは、1人の女性が15歳から45歳までの間

(死ぬことなく)、出生力のコントロールを行わない場合には、最大で15人の子どもを産むと想定している。狩猟採集社会の子ども数の平均は4人、農耕社会の平均は6人といわれている。また現在の社会では平均2人前後まで減っている。これらの子ども数は、いずれも標準最大出生力の15人よりはるかに少ない。それは何らかの方法で出生力のコントロールを行ってきたからだと考えるしかない。もっとも、従来の出生抑制は、文字通り最大出生力を抑える方向でしか機能しなかった。

一方、近年、急速に発展し始めた生殖補助医療がさらに普及し、高年齢出産の安全性が保証されるようになり、出生間隔の短縮など(多胎児出産、代理母出産、人工胎盤)が自由に選択できるようになれば、出生間隔や最大出生力の制約はなくなる。あるいは卵子の冷凍保存・解凍・体外受精などの利用が一般化すれば、子どもはライフコース上の任意の時点(未来も含む)に任意の数だけ持つことができるようになる。しかし、このことは、すでに出生前診断、代理母出産、遺伝子操作によるデザイナーズ・ベービーなど、出生力の将来のあり方に関わる重要な課題を投げかけている。

セクシュアル・リプロダクティブ・ヘルス/ライツ(性と生殖に関する健康と権利 Sexual and Reproductive Health and Rights, SRHR)は、ホモ・サピエンスが長い時間をかけて推進してきたものであり、逆戻りするとは思えない。最終的には、すべての人々にあまねく保障されるようになるだろう。しかし、個人の性と生殖に関する健康と権利が保障されても、社会全体の人口再生産が自動的に保障されるわけではなく、社会全体の再生産は社会がコントロールする方向に進化するしかないだろう。

死亡の未来

平均寿命の延伸はどこまで可能か、また、人間の最大寿命がどこまで延伸しうるかという問題は興味深いが、現時点では120歳ぐらいまでの記録しかない。あるいは不老不死は実現可能かといった議論や研究（人口学的には死亡だけでなく、出生、世代交代、総人口、環境負荷、宇宙空間への拡散と移動などとの関係の検討も必要）とは別に、果たしてそれほどの長寿は必要なのか、長寿と生活の質（QOL）の関係（特に生きがい、幸福度）など、むしろ長寿の意味をめぐる議論や研究（人口学的には人口全体の生活の質）への関心が主流になってゆくと思われる。たとえば後期高齢者の増加にともない、高齢者（あるいは総人口）に占める認知症患者の数や割合は急速に上昇している。また100歳以上の高齢者（いわゆるセンテナリアン）の数や割合も加速度的に増加するが、その多くが認知症となることが知られている。認知症そのものの解明がまだ途上であり、将来的には発症を予防し発症しても完治できるようになるかも知れないが、現時点では、これを疾病ではなく自然な寿命の終末期として捉えることも可能であり、回復をめざすのではなく、終末期の「生活の質」の維持を優先することが、すでに主流となってきている。寿命や死に対する意識の変化は認知症に限ったことではなく、回復不能とされる重篤な疾患はもとより、人工心肺・胃瘻《いろう》・透析などの延命処置の回避などを通じ、安楽死・尊厳死を求める動きに発展してきた。その結果、医師による安楽死や尊厳死を認める法律や規定をもつ国が年々増加している。

これらの動きは「生む権利」としてのリプロダクティブ・ヘルス／ライツに対応する「死ぬ権利」の保障を求めるものであり、自殺幇助の合法化などを経て、最終的には成人や子どもも含めた「自死」の権利に至ることが予想される。人口の量のみならず、人口の質という観点に立てば、長寿に合わせ生活の質を高める必要があり、それは高齢期のみではなく、生まれてから死ぬまでの問題となる。この点からはむしろ自然死(natural death)への評価が高まるのではないかと思う。どのような条件のもとで「死ぬ権利」の行使が認められるのか、現時点では想像もつかないが、いずれは明確化されるだろう。しかしそのような権利行使が許容され増加するとすれば、平均寿命の縮減や社会・経済・文化的リスクの増大などマクロレベルで負の効果が発生することになり、社会全体としては、そのリスクをコントロールしてゆく方向に進化するしかないだろう。

移動の未来

ホモ・サピエンスは、元々、サバンナのようなところを移動しながら暮らしていたといわれていて、一箇所に定住するようになったのは農耕牧畜が始まったことによると思われる。しかも、人口学的には、その農耕牧畜にあっても世代を越えて長期に同じ土地で暮らしていたとは思えない。というのも同じ土地に留まり再生産し続ければ、同族同士で世代交代を繰り返すことになり、他の地域に拡散することはできない。また農耕であれ牧畜であれ、同じ土地を利用し続ければ地力が衰え収量が低減することが経験的に知られている。さらに同じ土地で世代交代を繰り返せば非常に低い人口増加率であっても、人口が増加する限り1人あたりの利用可能な耕作地は時間とともに狭くなり、マルサスが警告したように土地の力が人口を支えられなくなる。このため農耕であれ牧畜であれ、他の地域との交流(婚姻と通商)が必要となるが、それは必然的に移動をともなうものとなる。その結果、居住地や集落、村や街、あるいは国の人口は、人口移動とそれにともなう自然動態の変化で増減するようになり、その結果として、人口の波動が生まれ、無数の波動が重なりあって、世界全体に広がり、今日のような世界人口の変動となってきたといえる。産業社会が始まるとともに人口移動はさらにダイナミックになり、生涯同じ土地で暮らす人の方が少なくなっていく。確かに近年の大都市圏では3世代以上にわたり同じ土地で暮らす人が増えてきたが、それは大都市圏の人口支持力が巨大化したからであり、さらにグローバル化が進めば一生の間に複数の大都市圏(あるいは国々)の間を移動する人も増えるだろう。

このように先史時代から今日まで、さらに未来においても、ホモ・サピエンスは移動し続けると思われる。また移動が恒常化すれば、特定の地域の人口の概念も現在とは異なるようになると考えられる。すなわち現在は常住人口と移動人口を分けて考えているが、様々な大都市圏を移動して暮らすことが恒常化すれば、両者を明確に区別することは難しくなる。夜間人口と昼間人口のように時間で区切るしかなくなるだろう。

かつて封建制の社会では領地の内外への移動には領主の許可が必要とされ、領民が他の土地に住むことは基本的に許されなかった。しかし、今日の国民国家では、国内移動を許可制にしているケースは少なく、移動や転居の自由は当たり前のこととして認められている。EUではシェンゲン協定以降、域内の移動や転居の自由が大幅に緩和されたが、世界の他の地域では、国際人口移動は、国境や空港、港湾においてパスポートやビザの呈示が必要とされている。移動の未来においては、この種の制限はなくなると思うが、そのかわり、世界中の人間の位置はGPSでリアルタイムで把握されるようになり、必要に応じ、その移動は制御されるようになるだろう。個人の自由は最大限保障されるようになるが、そのリスクは社会全体としてコントロールしてゆく方向に進化するしかないだろう。

4　我々はどこから来て、どこへゆくのか？

ホモ・サピエンスはどこから来たか

すでに述べたように、最新のＤＮＡ進化学の成果によれば、人類の祖先は、およそ７００万年前まで遡られ、その頃、現生の生物であるチンパンジーの祖先と人類の祖先が分岐したといわれている。しかし、この分岐から、さらに様々な人類が分岐し、その一つであるホモ属が誕生したのが２００万年前で、さらに現生人類であるホモ・サピエンスが誕生したのは30万年から20万年前のアフリカであったという。興味深いのは、そのアフリカの、まさに現在のサブサハラ・アフリカのあたりで、初期のホモ・サピエンスの拡散が起きて、その当時の遺伝子が今日においてもなお残っているという。しかし、その後、6万年前ほど前に、我々の直接的な祖先にあたるホモ・サピエンスがアフリカを出て(アウト・オブ・アフリカ)、旧大陸にいたホモ・サピエンス以外の人類を駆逐しながら世界中に広がったといわれている(篠田 2022)。

最近、明らかになったのは、ホモ・サピエンスがアフリカを出て、世界中に広がっていった頃、旧人と呼ばれる同じホモ属のネアンデルタール人やデニソワ人と共存していた時代があり、現生のホモ・サピエンスである現代人にも、彼らとの交雑の結果として彼らの遺伝子の一部が受け継がれているという興味深い事実がある。

イスラエルの歴史学者ユヴァル・ノア・ハラリは、ホモ・サピエンスをライバルの生物種を絶滅に追いやるシリアル・キラー(連続殺人鬼)と非難しているが、少なくとも同じホモ属のネアンデルタール人やデニソワ人とは共存し交雑していたわけであり、それは絶滅させたというよりは交わり混じりあったというべきではないかと思う。彼らは消滅したかも知れないが、遺伝子的には今日もなお存続している。遠く遥かな人口の波の名残りとして。

ホモ・サピエンスはどこへ行くのか?

ホモ・サピエンスは、その後も移動と拡散を繰り返しながら、世界中に広がり、シベリアルートやインド沿岸部、東南アジアから東アジアへ、また一部は、オセアニアやミクロネシアへ、そして、シベリアルートと東アジアルートは日本で合流し、北米にわたり、そこから南米へ、またミクロネシアから海を超えて、直接、南米に辿りついた。その過程は狩猟採集から農耕社会へ、農耕社会から産業社会へ、ポスト産業化社会から情報社会へと変遷して、その都度、人口は爆発的な増加と収束の波を起こしていったと考えられる。

そして、その人口の波はほぼ一巡し、産業革命以降の最後の人口転換が終わり、人類全体がポスト人口転換期に入ろうとしている。人類がこのポスト人口転換期の人口減少の危機を乗り越えるとしても、もはや、この地球上でさらに人口増加を続ける意味はないだろう。しかし、ホモ・サピエンスの進化の原動力が環境に対する知的好奇心にあるとすれば、次は地球外へと広がっていくしかない。未来は我々自身の選択にかかっている。

参考文献一覧

井上孝・和田光平（編著）（2021）『自然災害と人口』（人口学ライブラリー20）原書房
カウフマン、F.X.（2011）原俊彦・魚住明代（訳）『縮減する社会――人口減少とその帰結』原書房
ケインズ、ジョン・メイナードほか（2012）山形浩生（訳）『雇用、利子、お金の一般理論』講談社学術文庫
河野稠果（2007）『人口学への招待――少子・高齢化はどこまで解明されたか』中公新書
コーエン、ジョエル・E.（1998）重定南奈子ほか（訳）『新「人口論」――生態学的アプローチ』農山漁村文化協会
国立社会保障・人口問題研究所（2017）「日本の将来推計人口―平成28（2016）〜77（2065）年―」（平成29年推計）人口問題研究資料第３３６号
国立社会保障・人口問題研究所（2022）『人口統計資料集2022』人口問題研究資料第３４５号
佐藤龍三郎（2008）「日本の「超少子化」―その原因と政策対応をめぐって―」（特集Ⅰ：第12回厚生政策セミナー超少子化と家族・社会の変容―ヨーロッパの経験と日本の政策課題―）『人口問題研究』64-2（2008.6）pp.10–24
佐藤龍三郎・金子隆一（2016）『ポスト人口転換期の日本』（人口学ライブラリー17）原書房
佐藤龍三郎・松浦司（編）（2023）『ＳＤＧｓの人口学』（人口学ライブラリー23）原書房

篠田謙一(2022)『人類の起源――古代ＤＮＡが語るホモ・サピエンスの「大いなる旅」』中公新書
総務省統計局監修(2006)『新版　日本長期統計総覧　第1巻』日本統計協会
原俊彦(1987)『「日本株式会社」の崩壊――変貌する巨大企業と経済社会』自由国民社
原俊彦(2000)『狩猟採集から農耕社会へ――先史時代ワールドモデルの構築』(情報考古シリーズ2)勉誠出版
原俊彦(2011)『統計の世界――物の見方・考え方・心構え』原書房
原俊彦(2021)「縮減に向かう世界人口――持続可能性への展望を探る」(特集　サピエンス減少――人類史の転換点)『世界』第９４７号、２０２１年８月、pp.86–99
Hara, T. (2014) *A Shrinking Society: Post-demographic Transition in Japan*, in Series: Springer Briefs in Population Studies of Japan, Springer
Hara, T. (2020) *An Essay on the Principle of Sustainable Population*, in Series: Springer Briefs in Population Studies of Japan, Springer
Hara, T. (2022) "Chapter 35: Demographic Sustainability", in John F. May, Jack A. Goldstone (Ed.) *International Handbook of Population Policies*, Springer
ハラリ、ユヴァル・ノア(2016)柴田裕之(訳)『サピエンス全史――文明の構造と人類の幸福』上・下、河出書房新社
マルサス、ロバート(1950)高野岩三郎・大内兵衛(訳)『初版　人口の原理』岩波文庫
ラッセル、バートランド(1970)市井三郎(訳)『西洋哲学史３――古代より現代に至る政治的・社会的諸条

件との関連における哲学史(3)』みすず書房
United Nations, Department of Economic and Social Affairs, Population Division (2022a) World Population Prospects 2022 [Database]. https://population.un.org/wpp/
United Nations, Department of Economic and Social Affairs, Population Division (2022b) World Population Prospects 2022: Summary of Results. UN DESA/POP/2022/TR/NO.3.
Van de Kaa, D. J. (2002) The idea of a second demographic transition in industrialized countries, in paper presented at the sixth welfare policy seminar of the national institute of population and social security (IPSS), 29 January 2002, Tokyo, Japan. https://pdfs.semanticscholar.org/17c8/c2c3b43d447474107554926eb289d269c939.pdf.

あとがき

本書の「序」の冒頭に示したのは『世界』2021年8月号「特集　サピエンス減少――人類史の転換点」の前文である。本書のタイトルは、この特集に由来し内容もそこに掲載された拙稿「縮減に向かう世界人口――持続可能性への展望を探る」に準じている。特集のタイトルを初めて新聞広告や書店で目にした人は（私自身も含め）、イスラエルの歴史学者ユヴァル・ノア・ハラリの世界的ベストセラー『サピエンス全史』を連想したと思う。特集の企画段階から参加し巻頭論文を執筆した身としては少々気恥ずかしく、2100年までの世界人口とその持続可能性については論じたものの、「人類史の転換点」と呼ぶべきものかと問われれば、そこまでは論じておらず、機会があれば自分なりの答えを用意したいという思いがあり、それが国連の新推計（UNWPP22）データでバージョンアップし本書となった。

特に現在の世界が向かっている長期の人口減少が、人類史上、かってないものなのかという点については様々な補足や考察が必要となった。幸い、2020年に「持続可能な人口の原理」（*An Essay on the Principle of Sustainable Population*）という英書を出版していたので、そこで論じた内容を追加した。コーエンの絶滅曲線の解釈、とりわけ指数関数的増加にはフラクタル性があり、実際の人口変動は無数の人口波動が重なり合い、その結果が長期の成長曲線や指数関数的増加となる。ただし、そのような形にみえるのは、ある時点から後ろを振り向けばの話であり、すべては事後的にしか確定しない。このことは言葉や数式では難しいが、シミュレーションすれば直感的に理解できることを示したつもりだ。なお人口波動説自体は著者のオリジナルではなく日本の研究者も含め諸説を紹介すべきところだが、本書に登場するシミュレーションモデルや人口転換理論と同様、紙幅の都合もあり詳述できなかった。詳細については著者のHP（原俊彦研究室 http://toshi-hara.jp）にアクセスするか参考文献にある英書を参照して頂きたい。

近年の少子高齢・人口減少をめぐる議論は、海外／国内とも基本的な捉え方が自分の考えとは大きくズレていて、人口減少への主観的な賛否、ジェンダー平等やLGBTQなど性的マイノリティの権利に対する主張と反論、地球温暖化やCO_2削減などの犯人探しや政府施策の擁護または批判に終始していて、もう少し人類史的・人口学的視点に立ち、謙虚に前向きな方向で考えることができるはずだとの強い思いがある。そこで、せっかくの機会なので、この際、まだ研究途上にあることも含め考えていることを書きたいだけ書いてみることにした。そのため第4章の「人口が減ると何が問題なのか?」は、特集の原稿よりかなり踏み込んだ内容となり、拙書『「日本株式会社」の崩壊――変貌する巨大企業と経済社会』の30年後を、企業コンサルタントではなく人口学者として改めて論じることになった。様々な分野からの異論反論が寄せられることを期待している。

また第5章の「サピエンス減少の未来」では「サピエンス減少」というタイトルに触発されて2000年の『狩猟採集から農耕社会へ――先史時代ワールドモデルの構築』以来、長らく中断していた人類史的な視点からの超長期の人口変動について考察した。先史時代ワールドモデルを現在、そして未来に拡張する、また日本の縄文・弥生から現代、そして未来までをシミュレートするモデルを作るという、果てしない夢はもはや時間的に実現しそうもないが、もしやりたい人がいれば喜んで協力するのでご連絡をお待ちしている。

本書の結論としては人口は消滅したり絶滅したりするのではなく、無数の波動が重なり混じり合い、次の新しい波に引き継がれるということだ。この結論は数年前にベルリンのカフェでお会いしたフンボルト大学教授ハンス・ベルトランとの会話から得たものだ。彼は2007年頃から始まったドイツの新しい家族政策を主導した人だ。結局、低出生力からの回復が難しいとすれば、ドイツはもはや移民国家になってゆくしかないのではという私の質問に「我々ドイツ人は大移動してきたゲルマン民族の末裔であり、ドイツは最初から移民国家だ。イタリアだって同じで、今日のイタリアで古代ローマ人を見つけることはできない」との明快な回答を得た。そういえば日本だって同じだ！ と目からウロコが落ちた。ベルトラン先生に感謝している。

人口の研究を始めたのはドイツのフライブルク大学に留学していた頃(1977年から1982年まで)のことで、元の専門の政治学(行政学)に、ドイツの学位制度の関係で社会学と経済政策が加わったものの『ローマクラブ報告』で使われたワールドモデルのような社会科学系のシミュレーション・モデルに関心があり各専攻でネタを探していたところ、数値データの入手が容易でモデル化しやすい、核戦略、人口、国際通貨というテーマが浮かび、そのうち、もっとも早く完成した人口モデルで博士論文を書いた。この博士論文(ドイツ語)は「ドイツ連邦共和国における人口変動と出生減退——統計データ及びコンピュータ・シミュレーションによる分析」というもので、当時のドイツは東西に分断されていて対象は旧西ドイツ地域のみである。合計出生率がピークの2・45人(1961年)から1・45人(1975年)まで、ほぼ半減する出生力低下があり、以降、1・40人前後で推移していた(2020年現在1・53)。博士論文を書いた頃、ドイツの作家ギュンター・グラス(後にノーベル文学賞を受賞)が「頭部出産あるいはドイツ人は死滅する」(Kopfgeburten oder Die Deutschen sterben aus)(1980)という小説を発表するなど、置換水準以下の低出生率を巡る議論が盛んであった。

その後、日本に戻り、シンクタンクの主任研究員やビジネスコンサルタントとして、バブル景気崩壊直前まで企業社会にいた。日本も少子高齢化が急速に進んでいて、人口変動が企業社会に与える影響について『「日本株式会社」の崩壊』(1987)を出版した後、北海道に移住し大学教員となり再び研究に復帰した。その頃、日本でも1・57ショックを契機に低出生率の問題が注目されるようになり、国立社会保障・人口問題研究所や日本人口学会を通じ、ドイツの低出生力の研究者として知られるようになった。古い話を書けば切りがないが、要するに1982年から2022年まで気がつけば40年も人口研究を続けている。還暦を過ぎた頃から、これまでの研究(出生、死亡、人口移動、先史時代から今日までの超長期の人口変動など)がまとまり始め自分なりの回答が得られたと思っているが、本書が出る頃にはもはや古希を迎える。私が2100年の世界を見ることはないが、現在4人となった孫たちも含め、今後生まれてくる新たなホモ・サピエンスたちにとって未来がより良いものとなることを願っている。

『世界』の特集は、『人口学研究』に書いた過去と今後10年の学会展望を編集担当の渕上皓一朗氏が見つけ連絡を頂きオンラインの企画会議を経て実現した。そして特集が出て岩波新書編集担当の島村典行氏から連絡を頂き、本書の企画・出版の機会を得た。末尾ながらお二人に心より謝意を表する。

2022年10月30日　札幌にて

原　俊彦

原 俊彦

1953年東京都生まれ．人口学者．早稲田大学政治経済学部卒，フライブルク大学博士(Ph.D.)．㈶エネルギー総合工学研究所，北海道東海大学，札幌市立大学を経て札幌市立大学名誉教授．日本人口学会理事，国立社会保障・人口問題研究所研究評価委員などを歴任．著書に『狩猟採集から農耕社会へ』(勉誠出版)，『A Shrinking Society』，『An Essay on the Principle of Sustainable Population』(Springer)など．

サピエンス減少
—縮減する未来の課題を探る　　岩波新書(新赤版)1965

2023年3月17日　第1刷発行

著　者　原《はら》 俊彦《としひこ》

発行者　坂本政謙

発行所　株式会社 岩波書店
〒101-8002 東京都千代田区一ツ橋2-5-5
案内 03-5210-4000　営業部 03-5210-4111
https://www.iwanami.co.jp/

新書編集部 03-5210-4054
https://www.iwanami.co.jp/sin/

印刷製本・法令印刷　カバー・半七印刷

ISBN 978-4-00-431965-8　　Printed in Japan

岩波新書新赤版一〇〇〇点に際して

ひとつの時代が終わったと言われて久しい。だが、その先にいかなる時代を展望するのか、私たちはその輪郭すら描きえていない。二〇世紀から持ち越した課題の多くは、未だ解決の緒を見つけることのできないままであり、二一世紀が新たに招きよせた問題も少なくない。グローバル資本主義の浸透、憎悪の連鎖、暴力の応酬——世界は混沌として深い不安の只中にある。

現代社会においては変化が常態となり、速さと新しさに絶対的な価値が与えられた。消費社会の深化と情報技術の革命は、種々の境界を無くし、人々の生活やコミュニケーションの様式を根底から変容させてきた。ライフスタイルは多様化し、一面では個人の生き方をそれぞれが選びとる時代が始まっている。同時に、新たな格差が生まれ、様々な次元での亀裂や分断が深まっている。社会や歴史に対する意識が揺らぎ、普遍的な理念に対する根本的な懐疑や、現実を変えることへの無力感がひそかに根を張りつつある。そして生きることに誰もが困難を覚える時代が到来している。

しかし、日常生活のそれぞれの場で、自由と民主主義を獲得し実践することを通じて、私たち自身がそうした閉塞を乗り超え、希望の時代の幕開けを告げてゆくことは不可能ではあるまい。そのために、いま求められていること——それは、個と個の間で開かれた対話を積み重ねながら、人間らしく生きることの条件について一人ひとりが粘り強く思考することではないか。その営みの糧となるものが、教養に外ならないと私たちは考える。歴史とは何か、よく生きるとはいかなることか、世界そして人間はどこへ向かうべきなのか——こうした根源的な問いとの格闘が、文化と知の厚みを作り出し、個人と社会を支える基盤としての教養となった。まさにそのような教養への道案内こそ、岩波新書が創刊以来、追求してきたことである。

岩波新書は、日中戦争下の一九三八年一一月に赤版として創刊された。創刊の辞は、道義の精神に則らない日本の行動を憂慮し、批判的精神と良心的行動の欠如を戒めつつ、現代人の現代的教養を刊行の目的とする、と謳っている。以後、青版、黄版、新赤版と装いを改めながら、合計二五〇〇点余りを世に問うてきた。そして、いままた新赤版が一〇〇〇点を迎えたのを機に、人間の理性と良心への信頼を再確認し、それに裏打ちされた文化を培っていく決意を込めて、新しい装丁のもとに再出発したいと思う。一冊一冊から吹き出す新風が一人でも多くの読者の許に届くこと、そして希望ある時代への想像力を豊かにかき立てることを切に願う。

（二〇〇六年四月）

経済

岩波新書より

政治

- 「オピニオン」の政治思想史　堤林剣／堤林恵
- 戦後政治史〔第四版〕　石川真澄／山口二郎
- 尊厳　マイケル・ローゼン／内尾太一・峯陽一 訳
- デモクラシーの整理法　空井護
- 地方の論理　小磯修二
- SDGs　南博／稲場雅紀
- 暴君　スティーブン・グリーンブラット／河合祥一郎 訳
- ドキュメント 強権の経済政策　軽部謙介
- リベラル・デモクラシーの現在　樋口陽一
- 民主主義は終わるのか　山口二郎
- 女性のいない民主主義　前田健太郎
- 平成の終焉　原武史
- 日米安保体制史　吉次公介
- 官僚たちのアベノミクス　軽部謙介
- 在日米軍 変貌する日米安保体制　梅林宏道
- 矢内原忠雄 戦争と知識人の使命　赤江達也
- 憲法改正とは何だろうか　高見勝利
- 共生保障〈支え合い〉の戦略　宮本太郎
- シルバー・デモクラシー 戦後世代の覚悟と責任　寺島実郎
- 憲法と政治　青井未帆
- 18歳からの民主主義◆　岩波新書編集部編
- 検証 安倍イズム　柿崎明二
- 右傾化する日本政治　中野晃一
- 外交ドキュメント 歴史認識◆　服部龍二
- 日米〈核〉同盟 原爆、核の傘、フクシマ　太田昌克
- 集団的自衛権と安全保障　豊下楢彦／古関彰一
- 日本は戦争をするのか　半田滋
- アジア力の世紀　進藤榮一
- 民族紛争　月村太郎
- 自治体のエネルギー戦略　大野輝之
- 政治的思考　杉田敦
- 現代日本の政党デモクラシー　中北浩爾
- サイバー時代の戦争　谷口長世
- 現代中国の政治　唐亮
- 政権交代とは何だったのか◆　山口二郎
- 日本の国会　大山礼子
- 戦後政治史〔第三版〕　石川真澄／山口二郎
- 〈私〉時代のデモクラシー　宇野重規
- 大臣〔増補版〕　菅直人
- 生活保障 排除しない社会へ　宮本太郎
- 「戦地」派遣 変わる自衛隊　半田滋
- 民族とネイション　塩川伸明
- 昭和天皇　原武史
- 集団的自衛権とは何か　豊下楢彦
- 沖縄密約　西山太吉
- 吉田茂　原彬久
- 市民の政治学◆　篠原一
- 東京都政　佐々木信夫
- 有事法制批判　憲法再生フォーラム編

社会

- ジョブ型雇用社会とは何か　濱口桂一郎
- 法医学者の使命 「人の死を生かす」ために　吉田謙一
- 異文化コミュニケーション学　鳥飼玖美子
- モダン語の世界へ　山室信一
- 時代を撃つノンフィクション100　佐高信
- 労働組合とは何か　木下武男
- プライバシーという権利　宮下紘
- 地域衰退　宮﨑雅人
- 江戸問答　田中優子・松岡正剛
- 広島平和記念資料館は問いかける　志賀賢治
- コロナ後の世界を生きる　村上陽一郎編
- リスクの正体　神里達博
- 紫外線の社会史　金凡性
- 「勤労青年」の教養文化史　福間良明
- 5G 次世代移動通信規格の可能性　森川博之
- 客室乗務員の誕生　山口誠
- 「孤独な育児」のない社会へ　榊原智子
- 放送の自由　川端和治
- 社会保障再考 〈地域〉で支える　菊池馨実
- 生きのびるマンション　山岡淳一郎
- 虐待死 なぜ起きるのか、どう防ぐか　川崎二三彦
- 平成時代　吉見俊哉
- バブル経済事件の深層　奥山俊宏・村山治
- 日本をどのような国にするか　丹羽宇一郎
- なぜ働き続けられない？ 社会と自分の力学　鹿嶋敬
- 物流危機は終わらない　首藤若菜
- 認知症フレンドリー社会　徳田雄人
- アナキズム 一丸となってバラバラに生きろ　栗原康
- まちづくり都市 金沢　山出保
- 総介護社会　小竹雅子
- 賢い患者　山口育子
- 住まいで「老活」　安楽玲子
- 現代社会はどこに向かうか　見田宗介
- EVと自動運転 クルマをどう変えるか　鶴原吉郎
- ルポ 保育格差　小林美希
- 棋士とAI　王銘琬
- 科学者と軍事研究　池内了
- 原子力規制委員会　新藤宗幸
- 東電原発裁判　添田孝史
- 日本問答　田中優子・松岡正剛
- 日本の無戸籍者　井戸まさえ
- 〈ひとり死〉時代のお葬式とお墓　小谷みどり
- 町を住みこなす　大月敏雄
- 歩く、見る、聞く 人びとの自然再生　宮内泰介
- 対話する社会へ　暉峻淑子
- 悩みいろいろ　金子勝
- 魚と日本人 食と職の経済学　濱田武士
- ルポ 貧困女子　飯島裕子

岩波新書より

岩波新書より

- 3・11 複合被災◆ 外岡秀俊
- 子どもの声を社会へ 桜井智恵子
- 就職とは何か 森岡孝二
- 日本のデザイン 原　研哉
- ポジティヴ・アクション 辻村みよ子
- 脱原子力社会へ 長谷川公一
- 希望は絶望のど真ん中に むのたけじ
- 福島 原発と人びと 広河隆一
- アスベスト 広がる被害 大島秀利
- 原発を終わらせる 石橋克彦編
- 日本の食糧が危ない 中村靖彦
- 勲　章 知られざる素顔 栗原俊雄
- 希望のつくり方 玄田有史
- 生き方の不平等◆ 白波瀬佐和子
- 同性愛と異性愛 風間　孝・河口和也
- 贅沢の条件 山田登世子
- 新しい労働社会 濱口桂一郎
- 世代間連帯 上野千鶴子・辻元清美
- 道路をどうするか 五十嵐敬喜・小川明雄
- 子どもの貧困 阿部　彩
- 子どもへの性的虐待 森田ゆり
- 戦争絶滅へ、人間復活へ むのたけじ・黒岩比佐子 聞き手
- テレワーク 「未来型労働」の現実 佐藤彰男
- 反　貧　困 湯浅　誠
- 不可能性の時代 大澤真幸
- 地　域　の　力 大江正章
- 少子社会日本 山田昌弘
- 親米と反米 吉見俊哉
- 「悩み」の正体 香山リカ
- 変えてゆく勇気◆ 上川あや
- 戦争で死ぬ、ということ 島本慈子
- ルポ 改憲潮流 斎藤貴男
- 社会学入門 見田宗介
- 冠婚葬祭のひみつ 斎藤美奈子
- 少年事件に取り組む 藤原正範
- 悪役レスラーは笑う◆ 森　達也
- いまどきの「常識」 香山リカ
- 働きすぎの時代◆ 森岡孝二
- 桜が創った「日本」 佐藤俊樹
- 生きる意味 上田紀行
- ルポ 戦争協力拒否 吉田敏浩
- 社会起業家◆ 斎藤　槙
- ウォーター・ビジネス 中村靖彦
- 逆システム学◆ 金子　勝・児玉龍彦
- 男女共同参画の時代 鹿嶋　敬
- 当事者主権 中西正司・上野千鶴子
- 豊かさの条件 暉峻淑子
- クジラと日本人 大隅清治
- 人　生　案　内 落合恵子
- 若者の法則 香山リカ
- 自白の心理学 浜田寿美男
- 原発事故はなぜくりかえすのか 高木仁三郎
- 日本の近代化遺産 伊東　孝
- 証言 水俣病 栗原　彬編
- 日の丸・君が代の戦後史◆ 田中伸尚
- コンクリートが危ない 小林一輔

(2021.10)　◆は品切，電子書籍版あり．　(D3)

現代世界

ネルソン・マンデラ　堀内隆行
日韓関係史　木宮正史
文在寅時代の韓国　文京洙
アメリカ大統領選　久保文明・金成隆一
イスラームからヨーロッパをみる　内藤正典
アメリカの制裁外交　杉田弘毅
ルポ トランプ王国2　金成隆一
2100年の世界地図 アフラシアの時代　峯陽一
フォト・ドキュメンタリー 朝鮮に渡った「日本人妻」　林典子
サイバーセキュリティ　谷脇康彦
トランプのアメリカに住む　吉見俊哉
ライシテから読む現代フランス　伊達聖伸
ベルルスコーニの時代　村上信一郎
イスラーム主義　末近浩太
ルポ 不法移民 アメリカ国境を越えた男たち　田中研之輔

習近平の中国 百年の夢と現実　林望
日中漂流　毛里和子
中国のフロンティア　川島真
シリア情勢　青山弘之
ルポ トランプ王国　金成隆一
ルポ 難民追跡 バルカンルートを行く　坂口裕彦
アメリカ政治の壁　渡辺将人
プーチンとG8の終焉　佐藤親賢
香港 中国と向き合う自由都市　倉田徹・張彧暋
〈文化〉を捉え直す　渡辺靖
イスラーム圏で働く　桜井啓子編
中南海 知られざる中国の中枢　稲垣清
フォト・ドキュメンタリー 人間の尊厳　林典子
㈱貧困大国アメリカ　堤未果
女たちの韓流　山下英愛
新・現代アフリカ入門　勝俣誠
中国の市民社会　李妍焱
勝てないアメリカ　大治朋子

ブラジル 跳躍の軌跡　堀坂浩太郎
非アメリカを生きる　室謙二
ネット大国中国　遠藤誉
ジプシーを訪ねて　関口義人
中国エネルギー事情　郭四志
アメリカン・デモクラシーの逆説　渡辺靖
ユーラシア胎動　堀江則雄
オバマ演説集　三浦俊章編訳
ルポ 貧困大国アメリカII　堤未果
オバマは何を変えるか　砂田一郎
平和構築　東大作
ネイティブ・アメリカン　鎌田遵
アフリカ・レポート　松本仁一
ヴェトナム新時代　坪井善明
イラクは食べる　酒井啓子
ルポ 貧困大国アメリカ　堤未果
エビと日本人II　村井吉敬
北朝鮮は、いま　北朝鮮研究学会編 石坂浩一監訳

環境・地球

グリーン・ニューディール　明日香壽川
水の未来　沖大幹
異常気象と地球温暖化　鬼頭昭雄
エネルギーを選びなおす　小澤祥司
欧州のエネルギーシフト　脇阪紀行
グリーン経済最前線　井田徹治・末吉竹二郎
低炭素社会のデザイン　西岡秀三
環境アセスメントとは何か　原科幸彦
生物多様性とは何か　井田徹治
キリマンジャロの雪が消えていく　石弘之
イワシと気候変動　川崎健
森林と人間　石城謙吉
世界森林報告　山田勇
地球の水が危ない　高橋裕
地球環境報告 II　石弘之
地球温暖化を防ぐ　佐和隆光
地球環境問題とは何か　米本昌平
地球環境報告　石弘之
ゴリラとピグミーの森　伊谷純一郎
国土の変貌と水害　高橋裕
水俣病　原田正純

情報・メディア

実践 自分で調べる技術　宮内泰介
生きるための図書館　竹内さとる
流言のメディア史　佐藤卓己
メディア不信 何が問われているのか　林香里
グローバル・ジャーナリズム　澤康臣
キャスターという仕事　国谷裕子
読んじゃいなよ!　高橋源一郎編
読書と日本人　津野海太郎
スポーツアナウンサー 実況の真髄　山本浩
戦争と検閲 石川達三を読み直す　河原理子
NHK〔新版〕　松田浩
震災と情報　徳田雄洋
メディアと日本人　橋元良明
デジタル社会はなぜ生きにくいか　徳田雄洋
ジャーナリズムの可能性　原寿雄
ITリスクの考え方　佐々木良一
ウェブ社会をどう生きるか　西垣通
報道被害　梓澤和幸
メディア社会　佐藤卓己
現代の戦争報道　門奈直樹
未来をつくる図書館　菅谷明子
新聞は生き残れるか◆　中馬清福
インターネット術語集 II　矢野直明
メディア・リテラシー　菅谷明子
職業としての編集者　吉野源三郎
岩波新書解説総目録 1938-2019　岩波新書編集部編

岩波新書/最新刊から

1957 **政治と宗教**——統一教会問題と危機に直面する公共空間——　島薗進編

元首相銃殺事件が呼び起こした「政治と宗教」の問題をめぐる緊急出版。国際的視野からの比較も含めて、公共空間の危機を捉え直す。

1958 **いちにち、古典**——〈とき〉をめぐる日本文学誌　田中貴子著

誰にも等しく訪れる一日という時間を、見ぬ世の人々はいかに過ごしていたのだろう。描かれた「とき」を駆けめぐる古典入門。

1959 **医の変革**　春日雅人編

コロナ禍で医療は課題に直面し、一方AIなどの技術革新は変革をもたらす。日本医学会総会を機に各分野の第一人者が今後を展望。

1960 **法の近代**——権力と暴力をわかつもの　嘉戸一将著

法と国家の正統性をめぐって繰り返されてきた議論の歴史。そこにこそ、人間的な生を享受するため、私たちが論ずべきことがある。

1961 **ウクライナ戦争をどう終わらせるか**——「和平調停」の限界と可能性——　東大作著

ウクライナ侵攻開始から一年。非道で残酷な戦争を終結させる方法はあるのか。国際社会、日本が果たすべき役割を検討する。

1962 **「音楽の都」ウィーンの誕生**　ジェラルド・グローマー著

宮廷や教会による支援、劇場の発展、音楽教育の普及など、十八世紀後半のウィーンに音楽文化が豊かに形成されていく様相を描く。

1963 **西洋書物史への扉**　髙宮利行著

扉を開けば、グーテンベルクやモリスなど、本の歴史を作った人々が待っています。ようこそ書物と人が織りなすめくるめく世界へ。

1964 **占領期カラー写真を読む**——オキュパイド・ジャパンの色——　佐藤洋一、衣川太一著

日本の黒い霧を晴らし、認識の空白を埋める、あざやかな色。占領者が撮影した写真を読み解き、歴史認識を塗り替える待望の一冊。

(2023. 3)